Inhaltsverzeichnis

Vorwort

Ich möchte Sie ganz herzlich als »Waldprechtinger Kräuterhexe« begrüßen.

Mein Buch soll Ihnen meine Erfahrungen im Kräutergarten sowie uralte, überlieferte Rezepte für kleine Wehwehchen oder ganz einfach meine Tipps zum Wohlfühlen näher bringen.

Ich heiße Claudia Költringer und habe das unwahrscheinliche Glück auf einem wunderschönen Fleckchen Erde im Salzburger Land zu wohnen. Der Name »Waldprechtinger-Kräuterhexe« kommt daher, dass wir genau genommen in einem kleinen Winkel von Seekirchen am Wallersee, in Waldprechting, wohnen. Unser Haus steht am Rande eines noch weitgehend unberührten Quellschutzgebietes, das sogar einigen Kräutern, die in anderen Teilen schon längst durch Kunstdünger ausgerottet wurden, ein Zuhause gibt.

Mich haben schon sehr viele Leute gefragt: »Wie wird und woran erkennt man eine Kräuterhexe?« Bei dieser Frage muss ich jedes Mal schmunzeln, denn man kann nicht so einfach eine »Kräuterhexe« werden, sondern man ist eben eine. Ich zeige auch sehr viel Ehrfurcht vor meinen Vorgängerinnen aus dem Mittelalter, die leider meist ihr gesamtes Wissen auf den Scheiterhaufen mitnahmen. Ich bin mir auch sicher, dass sich diese Frauen sehr ausführlich mit Pflanzen, den Menschen und den damals wütenden Krankheiten beschäftigten und die Menschheit zu der damaligen Zeit einfach noch zu unaufgeklärt war, um den Wert dieses Wissens zu schätzen. So viel zu den Hexen der Vorzeit.

Bei mir war es so, dass ich schon seit jeher eine große Liebe zu allem habe, was im Garten wächst. Dass aus meiner Liebe zu Pflanzen, im Besonderen zu unseren heimischen

Kräutern mittlerweile ein absolut ausfüllendes Hobby wurde, verdanke ich einer ganzen Reihe von Umständen und Zufällen.

Bei zwei Menschen möchte ich mich noch bedanken, die maßgebend daran beteiligt waren, mich in meinem Tun und Werken zu unterstützen.

Das sind mein Mann und mein Sohn Matthias, die mich in all meinen Ideen, die oftmals von einigen Mitmenschen mitleidig belächelt wurden, immer 100%ig unterstützten.

Ich habe zudem das Glück, im romantisch gelegenen Schaudorf in Schleedorf – etwa 10 km von Seekirchen entfernt – einen kleinen »Kräuterhexen-Laden« betreiben zu können, den jährlich sehr viele Menschen besuchen.

Vor einigen Jahren habe ich auch begonnen, Kräuterwanderungen, Exkursionen und Seminare rund um das umfangreiche Thema unserer »Heil-, Würz- und Duftkräuter« zu veranstalten, denn ich habe es mir zur Aufgabe gemacht, allen interessierten Menschen dieses Thema auf einfache und informative Weise mit viel Praxis und einem Schuss Theorie näher zu bringen.

Ich wünsche Ihnen viel Spaß beim Schmökern
im »Kräuterhexenbuch«!

Claudia Költringer

Es wird Frühling in meinem »Kräuterhexen-Garten«

Endlich ist es wieder so weit, man kann den Frühling mit seinen ersten wärmenden Sonnenstrahlen schon regelrecht spüren. Langsam, aber sicher scheint auch die Natur aus ihrem Winterschlaf zu erwachen.

Obwohl es erst Anfang April ist und es in unserer Gegend gelegentlich noch frostig kalt wird, kann man schon die ersten Triebspitzen einiger Wildkräuter entdecken.

An der Frühlingszeit hängen auch sehr viele meiner Kindheitserinnerungen. Bei uns ist es der Brauch, am Freitag vor dem Palmsonntag so genannte Palmbuschen zu binden, die sich aus den verschiedensten Zweigen von Sträuchern wie Buchs, Thujen, Haselnuss usw. zusammensetzen.

Geweihte Palmbuschen sollen reiche Ernte erbitten.

Sie werden an einen langen Haselnuss-Stock gebunden und mit bunten Holzspänen verziert. Am Palmsonntag werden unsere Palmbuschen in der Kirche geweiht und kommen anschließend in den Garten oder auf das Feld, um eine reiche Ernte zu erbitten.

Jetzt beginnt auch die Zeit, in der ich nach der hektischen Weihnachtszeit und den wenigen, aber erholsamen Wochen nach dem Jahreswechsel zum ersten Mal genauer meinen »Kräuterhexengarten«, den ich schon vor Jahren in meinem Garten angelegt habe, inspiziere. Und es ist auch wirklich so, dass ich meine »Kräuterkinder«, wie ich sie oftmals liebevoll nenne, begrüße.

Als der Winter noch mit Schnee und Sturm übers Land zog, habe ich mich an einigen Abenden in mein Büro zurückgezogen und die Vorbereitungen für das kommende Frühjahr getroffen. Ich habe beschlossen, mir in diesem Jahr einen weiteren Kräutergarten anzulegen, in dem sich ausschließlich Duftkräuter befinden sollen. Sie sollen meinen Seminar- und Kursteilnehmern veranschaulichen, mit welchen Tricks und Tipps schon unsere Urgroßmütter herrliche Düfte in Räume und in die Wäsche zauberten.

Lavendel und Duftrosenblätter zaubern wunderbare Düfte in Ihren Wäscheschrank.

In den letzten Jahren habe ich vermehrt festgestellt, dass die meisten heimischen Heil-, Duft- und Würzkräuter keine allzu großen Ansprüche an den Boden stellen, vorausgesetzt sie erhalten einen durchlässigen Boden und viel Sonne. Unsere heimischen Kräuter brauchen auch keine Sondergaben an Dünger. Wenn die Kräuterpflänzchen gut angewurzelt sind, begnügen sie sich mit einer wöchentlichen Wassergabe. Wichtig ist auch, welche Beet-Nachbarn ihnen zugeteilt werden.

Bitte achten Sie bei der Planung Ihres Kräutergartens darauf, Pflanzen, die im Laufe der Zeit eine stattliche Höhe erreichen, eher in den Hintergrund zu setzen.

Die »Kräuterhexe« empfiehlt für den Küchenkräutergarten:

Sonniger Standort: Basilikum (pflanze ich ausschließlich in Töpfchen, denn sie finden nichts schlimmer als anhaltendes Schlechtwetter und Kälte – außerdem haben sie sich als hervorragendes Schneckenfutter herausgestellt), Bohnenkraut, Oregano (Dost), Lavendel, Majoran, Rosmarin, Salbei, Thymian und Ysop.

Halbschattiger Standort: Borretsch, Estragon, Petersilie, Liebstöckel, Kapuzinerkresse und Schnittlauch.

Schattiger Standort: Alle Minze-Arten und Kerbel.

Zwei Streithälse – Majoran und Thymian

Letztes Jahr hatte ich das Problem mit Majoran und Thymian. Ich hatte die beiden nebeneinander gepflanzt und musste hilflos mit ansehen, wie sie sich regelrecht bekämpften. Die Folge war, dass ich mich vom Majoran verabschieden musste, denn er war der Verlierer und landete auf dem Kompost. Ein Jahr später beschloss ich, die beiden auseinander zu setzen und siehe da, sie gedeihen und wachsen.

Die beiden Streithälse: Majoran (links), und Thymian.

In meinem Garten befindet sich noch ein weiteres äußerst heikles Kraut – der Wermut. Ich habe in der Vergangenheit festgestellt, dass der Wermut sehr anspruchsvoll in der Akzeptanz seiner Beet-Nachbarn ist.

Aus diesem Grund bekam er in meinem Kräutergarten ein ganz separates Plätzchen.

Ein unscheinbares, aber ausgesprochen heikles Kraut in der Wahl seiner Beet-Nachbarn: der Wermut.

Von »Unkräutern«, die eigentlich gar keine sind

Als Unkräuter oder besser und treffender gesagt Wildkräuter werden Kräuter bezeichnet, deren Heimat der Wald oder die Wiese ist. Viele Wildkräuter findet man auch am Feld- und Straßenrand.

Die wichtigsten und verbreitetsten in unserer Gegend sind: Gundelrebe, Geißfuß (Giersch), Brunnenkresse, Löwenzahn, Spitzwegerich, Gänseblümchen, Knöterich, Brennnessel, Bärenklau, Frauenmantel und Schlüsselblume (Primel), um nur einige davon zu nennen.

Ich möchte ausdrücklich darauf hinweisen, dass es äußerst wichtig ist, dass man jedes Kraut gut kennt, bevor man es pflückt und in der Küche verwendet.

Es ist eine tolle Erfahrung für die gesamte Familie, an einem schönen Sonntagnachmittag auf weitgehend von Kunstdünger und Autoabgasen verschont gebliebenen Wiesen nach Kräutern zu suchen.

Versuchen Sie es einmal, Sie werden überrascht sein, wie viel Spaß es vor allem den Kindern macht!

Was läge auch näher, als die geernteten Kräuter in Salate, Suppen, Soßen und Aufstriche zu »hexen«. Ich habe einige Rezepte aus meiner »Kräuterhexenküche« für Sie gesammelt, sie stammen teilweise aus alten Kochbüchern; oder versuchen Sie, Ihrer Fantasie freien Lauf zu lassen und selbst Rezepte zu kreieren.

Sie werden überrascht sein, wie viel Spaß Ihren Kindern der bewusste Umgang mit der Natur macht.

Würzig im Geschmack – Kapuzinerkresseblüten in Weißweinessig.

Tipp der Kräuterhexe

Setzen Sie Wildkräuter in Essig oder Öl an.
So haben Sie für lange Zeit ein unvergleichliches Aroma in Salaten.

Wildkräuter-Salatmarinade nach Hexen-Art

Zutaten:

3 EL hochwertiges Sonnenblumenöl
1 EL Essig (Ich bevorzuge Apfelessig!)
3 EL Wildkräuter (Gundelrebe, Löwenzahn, Brunnenkresse und Gänseblümchen)
Kräutersalz
Wasser

Essig mit Wasser vermischen und damit die ganz fein gehackten Kräuter übergießen, Öl beimengen. Auf Wunsch kann die Marinade auch noch mit Crème fraiche verfeinert werden.

Nicht alltäglich: Wildkräuter-Marinade.

Wildkräuter-Frühlingssalat

Junge Löwenzahnblätter, Blätter der Schlüsselblume, Gundelrebe und Brunnenkresse werden zu gleichen Teilen gemischt und fein gehackt.

Zur Dekoration einige Gänseblümchenblüten und ein paar Veilchenblüten.

Bunter Wildkräutersalat.

Zutaten:
1 Kopfsalat
1 hart gekochtes Ei
1 fein geriebene Karotte
etwas Kräutersalz
Essig/Öl

Kopfsalat zerkleinern und waschen, Wildkräuter und das gesamte harte Ei hacken und mit der geriebenen Karotte gut mischen.

Aus Essig und Öl sowie dem Kräutersalz eine Marinade »zaubern« und mit dem Salat gut vermischen.

Wildkräuter-Butter

Schmeckt ausgezeichnet zu gegrilltem Fleisch, Fisch oder als Brotaufstrich.

Zutaten:
250 g Butter
je 1 EL fein gehackte Bärlauchblätter,
Geißfuß- und Knöterichblätter und 1 EL fein gehackte,
junge Löwenzahnblätter

Die Butter etwas anwärmen, damit sie streichfähig ist und mit den Kräutern und einer Brise Kräutersalz vermischen. Kleine Kugeln formen und im Kühlschrank wieder hart werden lassen.

Die Heimat des Bärlauchs sind bevorzugt schattige Laubwälder.

Ein ganz großer »Renner« in meiner Kräuterküche ist zu dieser Jahreszeit der Bärlauch, der bei uns auch »wilder Knoblauch« genannt wird. Zum Glück wächst dieses Knoblauchgewächs bei uns in großer Menge, sodass ich ohne Bedenken meinen Vorrat für das ganze Jahr ernten kann. Bärlauch kann man auch ganz wunderbar einfrieren. Der schattenliebende Bärlauch wächst an feuchten Waldrändern, besonders in Laubwäldern.

Bärlauch ist eine Wohltat für Magen und Darm.

In der Volksmedizin wird der Bärlauch seit jeher bei Verdauungsbeschwerden wie Blähungen und als Wohltat für Magen und Darm sowie gegen Arterienverkalkung, wie auch der Knoblauch, verwendet. Wenn man immer auf den intensiven Knoblauchgeruch des Bärlauchs achtet, kann es auch nicht passieren, dass man irrtümlich die Blätter des Maiglöckchens, die sehr giftig sind, pflückt.

Selbstverständlich verrate ich Ihnen nun mein bis dato streng gehütetes Geheimrezept für Bärlauchpesto, das ausgezeichnet schmeckt – und kühl gelagert einige Monate haltbar ist.

Bärlauchpesto

Zutaten:
100 g frischer,
sauber geputzter Bärlauch
eine Brise Salz
0,3 l Oliven- und hochwertiges Sonnenblumenöl (zu gleichen Teilen)
20 g fein geriebene
Pinien- oder Walnusskerne
20 g Parmesan
20 g Schafkäse

Den Bärlauch putzen und klein schneiden. Die gesamten Zutaten in eine große Schüssel füllen und mit dem Stabmixer fein zerkleinern.

In absolut saubere Schraubgläser abfüllen. Wichtig ist, dass der gesamte Glasinhalt ca. ½ cm mit Öl bedeckt ist.

In Form von Bärlauchpesto sichert man sich das ganze Jahr über seinen Bärlauchbedarf.

Bärlauchsuppe

Zutaten:
100 g frische,
sauber geputzte Bärlauchblätter
2 kleine Zwiebeln oder Lauch
2 EL Butter
1 EL Weizenmehl
1 l Gemüsebrühe

Die Zwiebeln ganz fein schneiden und in der Butter goldgelb anrösten. Die fein geschnittenen Bärlauchblätter dazugeben und kurz anrösten. Mehl dazugeben und leicht anschwitzen lassen, mit der Brühe aufgießen, das Ganze 1-mal kurz aufkochen und danach 30 Minuten ziehen lassen. Vor dem Servieren kann die Suppe püriert und je nach Geschmack mit Sauerrahm (saure Sahne) oder Crème fraiche verfeinert werden.

*Bärlauch-
aufstrich
schmeckt
ausgezeichnet
auf frischem
Bauernbrot.*

Bärlauchaufstrich

20 g Bärlauchblätter werden fein gehackt und mit 100 g fettarmem Speisetopfen (-quark) und 100 g Crème fraiche glatt gerührt. 1 TL Zitronensaft und eine Brise Kräutersalz verleihen einen ausgezeichneten Geschmack.

Tipp der Kräuterhexe

Wenn man im Garten ein schattiges, feuchtes Fleckchen Erde zur Verfügung hat, kann man ganz leicht den Bärlauch dort ansiedeln.

Tipp der Kräuterhexe

Setzzwiebelchen gibt es in guten Gärtnereien im Herbst zu kaufen. So können Sie bequem Ihren Bärlauch direkt im Garten ernten.

Es wird Ostern ...

In diesen Tagen bin ich wieder vermehrt in meinen Kräutergärten und meinem frisch angelegten Duftkräutergarten unterwegs. Manche Leser werden jetzt über mich schmunzeln, aber ich freue mich tatsächlich über jeden neuen Trieb und über jede Pflanze, die den kalten Winter unbeschadet überlebt hat.

Langsam, aber sicher stellt sich auch wieder Arbeitsstress in meiner »Hexenwerkstatt« ein. Anfang April beginnt die neue Saison im »Kräuterhexenladen«. Ich möchte meine Kunden auch heuer wieder mit vielen neuen Kreationen überraschen. Schon in der Zeit nach Weihnachten entwerfe ich einige Sachen, kreiere neue Tees und überlege, wie ich Ostereier und Trockenblumen-Arrangements neu gestalten könnte.

Osterdekoration aus der Hexenwerkstatt.

Bastelanleitung Sitzhase:

Material:
Man benötigt für diesen frechen Osterhasen ca. 1 kg Heu, 1 Spule heufarbiges Nähgarn, ca. 1 m Kokoskordel, 2 Teddyaugen, etwas Kokosfaser für die Haare, eine lustige Stoffschleife und eine Heißklebepistole.

Für den Kopf und den Körper wird jeweils ein 14 cm bzw. 18 cm hohes Heu-Ei geformt und zusammengeklebt. Für die Arme bzw. Beine wickelt man 2 ca. 3 cm bzw. 5 cm große eiförmige Heukügelchen, klebt diese auf die Kokoskordel und als Arme und Beine am Körper an.

Die beiden Ohren auf Karton vorzeichnen, ausschneiden und dünn mit Heu umwickeln – auf den Hasenkopf kleben. Augen, Nase, Barthaare und Masche aufkleben – fertig!

Dieser freche Osterhase ist rasch selbst gemacht.

Ein Osternest für »Kräuterhexen« Kräuter-Eier:

Vor dem Färben frische Kräutertriebe direkt auf das Ei legen und eine alte Strumpfhose darüber ziehen. Nach dem Färben die Strumpfhose vorsichtig entfernen. Die Kräuterblätter auf den Eiern lassen, bis die Farbe trocken ist.

Bemalte Eier:

Mal etwas anderes: Bemalen Sie heuer Ihre Ostereier mit Kräutermotiven.

Wie sollte es auch anders sein, meine Ostereier werden mit Kräutermotiven bemalt.

Ich verwende auch nicht immer »normale« Hühner-, Enten- oder Gänseeier, sondern mit großer Vorliebe auch Eier, die nicht ganz der Norm entsprechen, also uneben oder unförmig sind.

Ostereier mit getrockneten Kräutern und Blumen:

Vor vielen Jahren bekam ich von einer Freundin ein so genanntes »Blumenosterei«. Mir hat diese Idee der Ostereierdekoration damals so gut gefallen, dass ich rund ums Kräuterjahr schöne Blüten und Blätter sammle und presse.

Diese verarbeite ich dann zu meinen Blumenostereiern. Das Dekorieren mit gepressten Blüten und Blättern ist zwar sehr zeitaufwendig, lohnt sich aber auf jeden Fall.

Nach dem Aufkleben werden die Eier noch mit Klarlack besprüht.

Tipp der Kräuterhexe

Verstecken Sie in einem Kresselöpfchen ein bemaltes Osterei!

Mein neuer Duftkräutergarten

Nach intensiven Überlegungen habe ich beschlossen, für meine Kursteilnehmer einen Duftkräutergarten anzulegen: Lavendel, Duftpelargonien in den verschiedensten Duftrichtungen, die verschiedensten Minzearten, Zitronenmelisse, einige Thymianarten, Salbei, Heiligenkraut, Currykraut sowie wunderschön blühende und intensiv duftende Rosen.

Mein neuer Kräutergarten hat einen sehr sonnigen Standort an der Südseite unseres Grundstückes und diese Bedingungen passen ausgezeichnet zu den beschriebenen Pflanzen. Da die Minzen sehr hoch werden und an einem für sie idealen Standort durch ihr Wuchern zu einer regelrechten Plage werden können, pflanze ich meine Minzen in einem großen Blumentopf, dem ich den Boden entferne, direkt ins Beet. Diese Methode hilft, meine Pflanzen im Zaum zu halten.

Manche Pflanzen erreichen während des Wachstums eine stattliche Höhe. Als Faustregel gilt, die Kräuter in einem Abstand von mindestens 40 cm zu pflanzen.

Ebenso wichtig ist es, nur so viele Pflanzen zu setzen, die am Ende des Kräuterjahres auch verarbeitet werden können.

Aber keine Angst, in meinem Buch gebe ich Ihnen für die Verwertung Ihrer Kräuter so viele Tipps und Anregungen, dass das sicher kein Problem darstellen wird.

Eine Wohltat für die Seele – Kuschelpolster gefüllt mit getrockneten Duftpelargonien-Blättern.

Die Duftpelargonien werden in Töpfe gepflanzt und in die Erde gesetzt. Da Pelargonien in unseren Breitengraden leider nicht winterhart sind, müssen sie im Wintergarten, Stiegenhaus oder Keller überwintert werden. Wenn die Pflanze also schon im Topf ist, erspare ich mir im Spätherbst eine Menge Arbeit.

Ich verwende die Blätter meiner Duftpelargonien als Geschmacksträger für einige meiner Tees, als Teil meiner Füllungen für Duftpolster und Kindertraum-Mäuse sowie für Potpourris.

Noch ein Wort zu den Duftpelargonien

Duftpelargonien geben vielen Tees den letzten Pfiff.

Anders als ihre Verwandten, die stehenden oder hängenden Pelargonien, haben die Duftpelargonien nur wenige Blüten, aber dafür eine Vielzahl von wohlriechenden Blättern. Man bekommt sie in vielen wunderbaren und skurrilen Duftnoten wie: Zitrone, Rose, Schokolade, Muskat oder sogar mit apartem Kiefernnadelduft.

Und gerade ihrem Duft verdanken die Duftpelargonien, dass es viele Rezepte gibt, denen ihre Blätter den letzten »Pfiff« geben.

Sie können sich auch am Duft der Pelargonien erfreuen, indem Sie ganz einfach die Blätter mit den Fingerspitzen reiben.

Die Pflanzen lassen sich den ganzen Sommer über mit Stecklingen vermehren. Sie bilden in einem Glas Wasser schnell Wurzeln und haben zudem die gleichen unkomplizierten Ansprüche wie die herkömmlichen Pelargonien – nämlich möglichst viel Sonne, hin und wieder düngen (biologisch), reichlich gießen und Staunässe unbedingt vermeiden.

Einen Versuch wert – leckerer Kuchen mit Duftpelargonien-Blättern.

Wo Frau Holle wohnt…

Holder Holunder

Es ranken sich viele Geschichten aus dem Volksglauben um den Holunder. Eine besagt, dass Frau Holle im Holunderstrauch wohnt und, wenn sie ihre Polster ausschüttelt, Holunderblüten auf die Erde fallen. Eine andere Geschichte erzählt, dass demjenigen, der seinen Holunderstrauch hegt und pflegt, Unglück in Haus und Stall verwehrt bleibt.

Meine Großmutter sagte immer: »Ein guter Holunderstrauch im Garten erspart den Arzt.« Dieser Spruch weist auf die Heilwirkung des Holunders hin.

Holunderbeeren sind roh ungenießbar!

Die Beeren sind ausgesprochen reich an Vitamin C, sollten aber nur in gekochtem Zustand genossen werden, roh enthalten sie Giftstoffe, die beim Kochen aber verschwinden.

Die Blüten verwende ich in meinem Erkältungstee, denn mit ihrer Hilfe kann man eine Erkältung richtig schön ausschwitzen.

Hals- und Hustensirup

Holundersirup hilft bei Husten.

Sobald die ersten Blüten an meinem Holunderstrauch zu sehen sind, setze ich auch den in meiner Familie heiß begehrten Hals- und Husten-Sirup mit Holunderblüten als Geschmacksverstärker an.

Diesen Sirup verdünnt man 1 : 6 mit kaltem oder warmem Wasser. Wegen seines ausgezeichneten Geschmackes wird er auch von Kindern gerne getrunken.

Zutaten:
30 Blüten-Stände des Holunders
100 g frischer Thymian (ich verwende gerne Zitronenthymian)
100 g frische Blätter des Spitzwegerichs
2 unbehandelte, in Scheiben geschnittene Zitronen
80 g Zitronensäure
3 l Wasser
2,5 kg Zucker
1/2 kg Wiesenhonig

Alle Zutaten (außer Honig und Zucker) werden mit 3 l Wasser in einen großen Behälter gefüllt und zugedeckt drei Tage zum Ziehen an einen hellen Ort gestellt.

Dann durch ein Tuch filtern, Honig und Zucker beimengen, 5 Minuten zugedeckt kochen lassen, nochmals abseihen und noch heiß in gut verschließbare, saubere Flaschen füllen.

Tipp der Kräuterhexe

Thymian und Spitzwegerich werden schon seit jeher bei Husten angewandt!

Sie darf in keinem Kräutergarten fehlen – die Kräuterspirale

Meine Kräuterspirale wird jedes Mal nach meinen Kräuterwanderungen und Gartenbauseminaren von den Teilnehmern bewundert. Einige Schulen und Kindergärten aus der Umgebung holten sich bei mir Rat beim Anlegen einer solchen Spirale.

Die Herstellung ist denkbar einfach und kann in jedem Garten, in jeder beliebigen Größe nachgebaut werden. Den größten Nutzen bringt eine Kräuterspirale mit einem Durchmesser von mindestens 3 m.

Eine Bereicherung für jeden Kräutergarten – die Kräuterspirale.

Anlegen einer Kräuterspirale

Da die Küchenkräuter aus verschiedenen Regionen stammen, haben sie auch die unterschiedlichsten Ansprüche an Klima und Bodenbeschaffenheit. Die Kräuterspirale ist ein ganz einfach funktionierendes System, das allen Ansprüchen der Kräuter gerecht wird.

Ein sonniger Platz, kalkhaltiger Bauschutt, ausgediente Pflaster- oder Ziegelsteine, Sand, etwas Teichfolie – das ist die Grundausstattung für die Spirale.

Der mittlere Kern der Kräuterspirale besteht aus den kalkhaltigen Steinen. Dadurch ist gewährleistet, dass der obere Teil weitgehend trocken bleibt. Zusammen mit den am äußeren Rand liegenden Steinen speichern diese die Tageswärme und sorgen so für ein ausgeglichenes Klima. Die Wärme der Sonnenstrahlen wird hier optimal genutzt, da die mit der Wärme »aufgeladenen« Steine diese auch nachts noch an den Boden abgeben und so Nachtfröste bis minus 8 °C auffangen. Dadurch ist garantiert, dass sich auch Kräuter aus den Mittelmeerländern den ganzen Sommer über bei uns wohlfühlen.

Wichtig ist: Für jedes Kraut der richtige Platz!

Bei der Bepflanzung der neu angelegten Kräuterspirale ist darauf zu achten, dass jedes Kraut an die richtige Stelle kommt. Oben im Kern, wo es trocken und sonnig ist und der Boden auf Grund der aufgefüllten Steine nährstoffarm und mager ist, siedle ich Thymian, Bohnenkraut, Ysop und Estragon an. Im Schatten der Nordseite, auf fetterem Boden, gedeihen Schnittlauch, Petersilie, Bibernelle und Melisse hervorragend, an die sonnige Südseite gehören Salbei, Rosmarin und Lavendel.

Rund um das am Boden der Spirale angelegte kleine Feuchtbiotop fühlen sich Kresse und Sauerampfer ausgesprochen wohl.

Der kleine Teich ist deshalb von Vorteil, weil die Sonnenstrahlen auf die Kräuterspirale reflektiert werden und somit nochmals eine Extraportion Wärme abgeben.

Vorschläge der »Kräuterhexe« für die Verwendung der Kräuter

Thymian:

Leckere kräftige Würze für Lamm-, Kalb- und Wildfleisch sowie Tomatensoße. Außerdem wirkt der Thymian antiseptisch und als Tee getrunken wirkt er schon seit vielen hundert Jahren wohltuend bei Husten und positiv auf unreine Haut.

Bohnenkraut:

Getrocknet oder frisch gehackt zu Eintöpfen, gibt Wildgerichten ein ausgesprochen schmackhaftes Aroma. Der Saft von zerdrückten Blättern lindert umgehend Insektenstiche.

Bohnenkraut hilft bei Insektenstichen.

Ysop:

Auf Grund des ausgeprägten Eigengeschmacks nur in kleinen Mengen anwenden. Hervorragend zu gebratener Ente oder Gans sowie in Pasteten. Der Ysop gilt in der Volksmedizin auf Grund seiner schleimlösenden Inhaltsstoffe als lindernd bei Husten und Erkältung.

Als mein Sohn vor Jahren wochenlang eine hartnäckige Bronchitis hatte, empfahl mir eine alte Bäuerin aus unserer Umgebung, eine Ysop-Pflanze in einen Blumen-

Ysop lindert Husten.

topf zu pflanzen und in unmittelbarer Umgebung des Bettes aufzustellen. Da ich zu dieser Zeit jeden Ratschlag nur allzu gerne annahm, probierte ich das »Ysop-Experiment« aus; und wirklich, nach einigen Tagen konnte Matthias wieder durchschlafen.

Ich weiß, auch der Glaube versetzt Berge – uns jedenfalls hat der »Geheimtipp« geholfen. Seither steht bei uns jedes Jahr ab der kaltfeuchten Jahreszeit ein Ysop im Kinderzimmer.

Estragon:

Der Estragon passt ausgezeichnet zu Huhn, Fisch und Eiergerichten, aus diesem Grund ist er auch ein ganz wichtiger Bestandteil meines Fischgewürzes.

Bibernelle:

Die Bibernelle darf natürlich in keinem Küchenkräutergarten fehlen. Sie ist ein wichtiger Bestandteil von Salaten, Soßen, Fleisch- und Eiergerichten.

Probieren Sie Bibernelle auf Tomaten mit Mozzarella. Sie werden begeistert sein.

Melisse:

Gehackt zu Dressings, in Suppen, Soßen oder ganz einfach einige Blätter als wohlschmeckende Dekoration für die verschiedensten Speisen.

Da die Melisse durch ihre große Lust am Wachsen und Vermehren zu einer regelrechten Plage werden kann, möchte ich Ihnen einige Tipps aufzeigen, diese sehr wertvolle Pflanze sinnvoll zu verwerten.

- Versuchen Sie doch einmal aus 2 EL frisch gepflückten Melissenblättern einen Frischtee zu zaubern. Ein außerordentlich erfrischender Genuss.
- Nach einem stressigen Tag genieße ich es, am Abend ein Melissenbad zu nehmen. Dazu pflücke ich eine Hand voll frischer Melissenblätter, gebe sie in einen Waschhandschuh, den ich mit einem Band verschließe und lasse das einlaufende Badewasser darüber laufen. Versuchen Sie es – der zarte Melissenduft hilft, so richtig schön zu entspannen.
- Die Melisse zu trocknen und dabei das Zitronenaroma zu erhalten ist ein schwieriges Unterfangen, da die Trocknungsdauer und die Temperatur des Trocknungsvorganges genau aufeinander abgestimmt sein müssen. Einfacher für den Hausgebrauch ist es, die Melisse einzufrieren. So hat man auch den ganzen Winter über »frische« Blätter für den unvergleichlichen Melissentee.
- Auch in der Volksheilkunde spielt die Melisse eine große Rolle. Gegen Kopfschmerzen kann ich einen kleinen mit getrockneter Melisse gefüllten Polster empfehlen.

Melisse entspannt und lindert Kopfschmerzen.

Salbei:

Salbei, richtig und sparsam angewandt, kann einen ausgezeichneten Geschmack haben. Ich empfehle ihn wärmstens zu Wild, Geflügel, Schweinefleisch und Gemüse. Ein guter Rat bei Halsschmerzen oder Heiserkeit ist, alle 2 Stunden ein Salbeiblatt langsam zu kauen (nicht schlucken)! Früher verwendeten Frauen Salbeiaufguss nach jeder Haarwäsche als Spülung für glänzendes Haar.

Rosmarin:

Schmeckt ausgezeichnet zu allen Fleischgerichten, besonders zu Lammfleisch. Rosmarin ist auf Grund seiner vielseitigen Wirkung eines meiner Lieblingskräuter. Als Tee getrunken dient er zur Anregung des Kreislaufes und bei nervösen Kopfschmerzen.

Rosmarin als Badewasserzusatz stärkt und entspannt zugleich – nicht am Abend!

Lavendel:

Lavendel ist ein kleiner Bestandteil meiner beliebten »Kräuter der Provence«. Hauptsächlich verwende ich jedoch getrockneten Lavendel als Füllung für meine Wäscheduftsäckchen, meine Lavendelhexen und als Beigabe zu meinen Kindertraumkissen.

Lavendelsäckchen sollten in keinem Wäscheschrank fehlen.

Dass Lavendel Motten abweisen soll, halte ich jedoch für ein Gerücht, denn vor einigen Jahren tummelten sich trotz Lavendelsäckchen unzählige Motten in meinem Winter-Kleiderschrank. Ich empfehle zur Bekämpfung dieser Plagegeister lieber ein Stoffsäckchen, gefüllt mit getrocknetem Waldmeister und Heiligenkraut. Die beiden Kräuter vertreiben die Motten sicher.

Kapuzinerkresse:

In ihrer wunderschönen und völlig unkomplizierten Art bereichert die Kapuzinerkresse alle Gärten und Balkone. Sie darf auf keinen Fall in einem echten »Kräuterhexen-Garten« fehlen, denn Spaß macht sie auf alle Fälle mit ihrem lustigen Treiben im Garten; die hohen Arten winden sich unermüdlich um Zäune und Rankgerüste.

Die niedrigen Sorten sind wunderschöne Beeteinfassungen und bedecken die Baumscheiben um die Obstbäume.

Die Kapuzinerkresse ist einjährig, stirbt also im Herbst ab. Aber keine Angst, sie sorgt ganz alleine und in großer Zahl für den Nachwuchs.

Ich lasse sie an Ort und Stelle aussamen und ernte die Samenkapseln. Diese warten dann in einer leeren Kaffeefiltertüte schon auf den nächsten April, wo sie wieder ausgesät werden und von neuem wachsen und gedeihen.

Auch in der Pflege ist diese Pflanze völlig unkompliziert und wächst in der Sonne genauso üppig wie im Halbschatten.

Wichtig ist nur, dass nicht gedüngt wird, da eine allzu große Düngergabe die Kapuzinerkresse nur ins Kraut schießen lässt und sie dann fast nicht mehr blüht.

Kapuzinerkresse nicht düngen!

Im Gemüsegarten, um die Beete gepflanzt, sind die bunten Kapuzinerhütchen ein Magnet für Blattläuse, die somit mein Gemüse in Ruhe wachsen und gedeihen lassen.

In der »Kräuterhexenküche« kann ich mir diese Pflanze nicht mehr wegdenken. Frisch gepflückte Blüten und Blätter verleihen Kräuteressigen ein hervorragendes Aroma, sparsam in Salate geschnitten, geben sie den letzten Pfiff und wenn man die unreifen Früchte in Essig einlegt, hat man einen leckeren Ersatz für Kapern.

Tipps der Kräuterhexe für den Kräutergarten auf dem Balkon oder im Zimmer

Dieses Kapitel möchte ich all jenen Kräuterfans widmen, die keinen eigenen Garten besitzen, aber trotzdem nicht auf eigene Küchenkräuter verzichten wollen.

Bei meinen Kräuterseminaren werde ich oft gefragt, ob es möglich ist, am Balkon oder in der Wohnung Kräuter zu kultivieren.

In Töpfen gezogene Kräuter wachsen nicht so üppig.

Generell ist es möglich, jedoch muss man sich vor Augen führen, dass Kräuter in Töpfen nicht so üppig wachsen wie im Kräutergarten. Bei den meisten Kräutern stellt der Anbau in geeigneten Töpfen auf dem Balkon oder im Zimmer aber kein Problem dar.

Basilikum, Bohnenkraut, Dill, Duftpelargonien, Estragon, Kapuzinerkresse, Kerbel, Lavendel, Majoran, Oregano, Petersilie, Rosmarin, Salbei, Schnittlauch und Thymian eignen sich dafür hervorragend. Die beliebte Zitronenmelisse eignet sich leider nicht zur Topfhaltung, da sie tiefe Böden zum Leben braucht und im Topf jämmerlich verkümmert.

Keine Hexerei – der Kräutergarten auf dem Balkon oder im Zimmer.

Die meisten Kräuter bevorzugen einen großen Pflanztopf und ein sonniges Plätzchen. Daher ist ein Südbalkon von großem Vorteil. Ein weiterer wichtiger Faktor ist die Höhe des Stockwerks, denn je höher der Balkon liegt, desto stärker ist die Sonneneinstrahlung.

Sollten Sie sich entschließen, Ihr Kräutergärtlein im Zimmer auf einer Fensterbank anzulegen, benötigen Sie ungefähr die gleichen Bedingungen. Ein sonniges, vor direkter Sonneneinstrahlung geschütztes Südfenster ist die ideale Voraussetzung. Besonders die sonnenhungrigen Kräuter wie Basilikum, Bohnenkraut, Duftpelargonie, Oregano, Salbei, Rosmarin oder Thymian werden Ihnen viel Licht und reichlich Wasser mit üppigem Wuchs danken.

Basilikum und Dill baue ich nur in Töpfen an, da sie sich in der Vergangenheit, im Garten frei gepflanzt, als hervorragendes Schneckenfutter herausgestellt haben. Vor allem das sonnenhungrige Basilikum ist im Topf einfach zu halten, da es zwar Sonne liebt, sich aber bei anhaltendem Regen und Staunässe bald verabschiedet.

Basilikum sollte auf jeden Fall im Topf gepflanzt werden.

Für nicht zu sonnige Fenster kann ich vor allem die Ein- und Zweijährigen unter den Kräutern wie Petersilie, Minze und Kerbel empfehlen.

Da man das Klima des Zimmerkräutergartens dem in der Natur weitgehend anpassen sollte, kann man ausreichende Luftfeuchtigkeit, die für jede Pflanze lebensnotwendig ist, mit täglichem Besprühen ausgleichen.

Wie schon zu Beginn gesagt, werden die meisten Ihrer am Balkon gepflanzten Kräuter nicht so üppig wachsen wie im Kräutergarten; wenn man jedoch in regelmäßigen Abständen die Triebspitzen abzwickt, man benötigt sie ja sowieso in der Küche, werden sich auch die in Zimmerkultur gepflanzten Kräuter gut entwickeln und nicht nur einen praktischen, sondern auch einen äußerst dekorativen Zweck erfüllen.

Gestaltung im Topf

Das Angebot an wunderschönen Pflanzgefäßen in den Baumärkten und Gartencentern ist riesengroß. Das Angebot reicht von den verschiedensten Formen und Farben bis hin zu den unterschiedlichsten Preisklassen.

Ich empfehle meinen Seminarteilnehmern immer Kunststoffgefäße, die nicht nur viel billiger sind als Terrakotta-Gefäße, sondern auch in attraktiven Formen und Farben angeboten werden. Ein weiterer Vorteil ist auch, dass sie viel leichter sind und das ist ebenfalls ein beachtliches Kriterium beim Balkon-Kräutergarten.

Wenn Sie mehrjährige Kräuter in Gartentöpfen pflanzen wollen, ist darauf zu achten, dass die Gefäße frostbeständig sind, denn die Pflanzen bleiben auch in der kalten Jahreszeit, natürlich mit Winterschutz, im Freien.

Topf-Untersetzer verhindern »nasse Füße« bei den Pflanzen.

Wichtig sind noch Topf-Untersetzer, damit das überflüssige Gießwasser ungestört abfließen kann, und Blumenerde (herkömmliche, billige, natürlich ungedüngte Balkonblumenerde reicht vollkommen).

Kapuzinerkresse eignet sich hervorragend als Topfpflanze.

Kauf- und Pflanztipps der »Kräuterhexe«

Die Kräuter für Ihren zukünftigen Kräutergarten am Balkon oder im Zimmer kaufen Sie am besten in einer guten Gärtnerei, denn dort ist auch gute Qualität (= gut durchwurzelte Pflanzen) gewährleistet.

Sollten Sie dennoch Probleme beim Besorgen einzelner Kräuter haben, stehe ich mit Rat und Tat gerne zur Seite.

Wenn Sie sich also gut bewurzelte Stecklinge oder Pflanzen besorgt haben, sollten diese am besten gleich in die Töpfe, in denen sie den Sommer verbringen sollen, gepflanzt werden.

Tolle Pflanzidee – Pizzakräuter griffbereit im Topf angepflanzt.

Die eigenen Kräuterkinder

Haben Sie schon einmal versucht, Ihre Kräuter selbst aus Samen zu ziehen?

Vielleicht werden Sie jetzt denken: »Zu aufwendig« oder »Das kann ich sowieso nicht«.

Ich rate Ihnen, es ganz einfach zu versuchen. Es wird auch ein tolles Erlebnis für Ihre Kinder sein, die Pflanzen wachsen zu sehen.

In großen Gärtnereien werden die Jungpflanzen in beheizten Gewächshäusern gezogen. Für uns Hobbygärtner genügt aber auch ein helles Zimmerfenster mit Fensterbank, wo sich unterhalb ein Heizkörper befindet – denn Kräuterkinder lieben warme »Füße«.

Wichtig sind ein helles Zimmerfenster und ein Heizkörper.

Bei der Aussaat meiner neuen Kürbis-Generation.

Was Sie für die Aussaat brauchen:

Im Handel gibt es so genannte Mini-Gewächshäuser zu kaufen. Dabei handelt es sich um Saatschalen und eine durchsichtige Kunststoffabdeckung. Ebenso können auch Ton- oder Kunststofftöpfchen, zur Not sogar leere Jogurtbecher verwendet werden.

Wichtig: Abflusslöcher, damit die Wurzeln nicht faulen.

Auf alle Fälle sollten Sie darauf achten, dass alle Pflanzgefäße Abflusslöcher haben, damit sich keine Staunässe bildet und die Wurzeln faulen.

Als Erdmischung empfehle ich Ihnen spezielle Aussaaterde, die in jedem Blumen- oder Gartencenter zu kaufen ist und mit etwas Sand »ausgemagert« wird.

Bei der Aussaat sollte auch beachtet werden, um welche Art der Samen es sich handelt. Man unterscheidet Licht- und Dunkelkeimer. Zu den Lichtkeimern gehören z. B. Basilikum und Majoran. Hier werden die Samen nicht zu dicht auf der Erde verteilt und vorsichtig mit dem Handrücken angedrückt.

Dunkelkeimer wie Gurken oder Zucchini werden etwa 2 cm unter die Erde gedrückt.

Bitte beachten Sie die Rückseiten der Samenpackungen!

Ganz zum Schluss wird die Erde im Aussaatgefäß gut angefeuchtet.

Dies sollten Sie vorsichtig mit einem Wasserzerstäuber machen, damit die Samen nicht weggeschwemmt werden.

Tipp der Kräuterhexe

Samen von Gurken und Zucchini weiche ich über Nacht in lauwarmes Wasser ein. So treiben sie schneller aus!

Jedem Töpfchen sein Hütchen

Alle Samen lieben eine feucht-warme Treibhausatmosphäre. In solch einem Umfeld wachsen sie schnell und üppig heran. In einem Mini-Gewächshaus, wie zu Beginn beschrieben, funktioniert dies mit der Klarsichtabdeckung hervorragend.

Sollten Sie für die Aussaat Töpfchen verwendet haben, nehmen Sie ein Stück Klarsichtfolie, das mit einem Gummiband fixiert wird.

Sobald sich die ersten Blattpaare entwickelt haben, wird die Plastikfolie abgenommen. Mini-Gewächshäuser täglich einige Zeit gut lüften!

Ich spreche aus Erfahrung – nicht vergessen, die Töpfchen zu beschriften!

Standort

Der beste Standort für unsere zukünftigen Kräutergartenbewohner ist gerade gut genug: z. B. eine breite Fensterbank an einem Südfenster.

Es ist wichtig, dass die jungen Pflanzen nahe am Licht stehen, sonst schießen sie auf der Suche nach Sonnenlicht ins Kraut und werden unbrauchbar.

Direkte Mittagssonne vermeiden!

Ebenso gefährlich wie ein zu dunkler Standort ist die direkte Mittagssonne. Diese würde die zarten, jungen Pflänzchen regelrecht verbrennen und sie würden unweigerlich eingehen.

Kräuterkinder auf der Fensterbank.

Aus dem Kindergarten in die Selbständigkeit

Sobald sich bei den kleinen Pflanzen das 2. Blattpaar gebildet hat, ist es höchste Zeit, dass sie pikiert (= Fachsprache: vereinzelt) werden. Pro Töpfchen sollten lediglich 2 gesunde Pflänzchen verbleiben.

Basilikumpflanzen pikieren

Ab und zu kaufe ich im Supermarkt Töpfchen mit Basilikum. Meistens verabschieden sich die Pflanzen nach einmaliger Ernte und gehen ein.

Dann habe ich versucht, die Pflanzen zu pikieren, also zu vereinzeln, damit sie mehr Platz und qualitativ bessere Erde zur Verfügung haben – und siehe da, sie dankten es mit einem langen Leben.

Wenn sich nach dem Pikieren ein weiteres Blattpaar angesetzt hat, ist dies das beste Zeichen dafür, dass sich die Pflanze in ihrem neuen Zuhause wohl fühlt und angewurzelt hat.

Basilikum aus dem Supermarkt vereinzeln und umtopfen.

Tipp der Kräuterhexe

Wenn jetzt auf ausreichende Feuchtigkeit (nicht zu nass, nur feucht!) und einen hellen Standort geachtet wird, werden Sie bald stattliche Pflanzen erhalten.

Zeitpunkt für die Aussaat

Auf den meisten Samenpackungen ist der richtige Aussaatzeitpunkt angegeben. Es bringt absolut nichts, zu früh mit der Aussaat zu beginnen.

Nicht zu früh aussäen!

Ich beginne mit der Aussaat von Tomaten, Zucchini und Gurken Anfang bis Mitte März. Meine Kräuter für das kommende Jahr säe ich erst Anfang April aus. So habe ich bis zur Übersiedlung in den Kräutergarten, Mitte Mai, kräftige Setzlinge.

Diese Landschaft lädt zum Entspannen ein.

Aus der »Hexenküche«

Waldgeheimnis-Sirup:

Auf Grund der wertvollen Wirkstoffe von ätherischen Ölen und Harzen werden in der Volksheilkunde seit jeher die frischen Triebe von Kiefer, Tanne und Fichte geschätzt. Sie gelten als ausgezeichnetes Heilmittel gegen hartnäckigen Husten und Heiserkeit. Mein Waldgeheimnis-Sirup ist ein altes Hausmittel, das im Erkältungstee oder ganz einfach als Brotaufstrich hervorragend schmeckt und auch sehr gesund ist.

Zutaten:
je 500 g frische Triebe von Kiefer, Tanne und Fichte
2 l Wasser, 200 g Zucker, 200 g Honig

Schmeckt und ist gesund – mein Waldgeheimnis-Sirup.

Die Nadelbaumsprossen werden im Wasser kurz aufgekocht, bis sie eine hellgrüne Farbe annehmen und dann 3 Tage zugedeckt stehen gelassen. Danach durch ein feines Tuch filtern, Honig und Zucker beimengen und nochmals kurz aufkochen lassen.

Noch heiß in saubere Gläser mit Schraubverschluss abfüllen.

Tipp der Kräuterhexe

Eine große Vase mit frischen Tannen-, Fichten- und Kiefernspitzen, neben dem Bett aufgestellt, verschafft große Erleichterung bei Husten und Heiserkeit!

Von Kräutertees und Teekräutern

Haben Sie schon einmal ausprobiert, aus gartenfrischen Kräutern einen Tee zu »zaubern«? Ein unvergleichlicher Genuss.

Den ganzen Sommer und Herbst über genieße ich Pfefferminze, Zitronenmelisse und meine heiß geliebte Apfelminze als Frischtee.

Tee-Zubereitung: 2 EL frische Kräuter mit heißem Wasser übergießen, 5 Minuten ziehen lassen – fertig ist der erfrischende Teegenuss.

Eine Faustregel besagt: Bei Tee-Zubereitungen mit frischen Kräutern wird die doppelte Menge verwendet als bei Tee-Zubereitungen mit getrockneten Kräutern; d. h. **1 EL getrocknete Kräuter** oder **2 EL frische Kräuter.**

Bei frischen Kräutern immer die doppelte Menge nehmen!

Aber selbstverständlich will man auch in den Wintermonaten auf Kräutertees nicht verzichten und so mache ich mich den ganzen Sommer über daran, Kräuter zu ernten, zu trocknen und die Ernte als Wintervorrat anzulegen.

Sommergenuss pur – Tee aus Frischkräutern.

Als echte »Kräuterhexe« möchte ich Ihnen selbstverständlich einige meiner besten Teemischungen verraten (alle Tees werden jeweils zu gleichen Teilen gemischt).

Meine »verhexten« Teerezepte für jede Jahreszeit:

Zappelphilipp-Traum-Tee
(nicht nur für Kinder – vor dem Schlafengehen geeignet)

Getrocknete Apfelstücke, Himbeerblätter, Zitronenmelisse, Kamillenblüten, Malvenblüten, Hopfenzapfen

Baby-Tee
(auch hervorragend zur Milchbildung bei stillenden Müttern)

Fenchel, Anis, Kümmel, die halbe Menge Lavendelblüten

Abendtee
(Genießen Sie 1 Tasse dieser Teemischung ca. 1 Stunde vor dem Schlafengehen an Ihrem Lieblingsplatz – besonders nach einem stressigen, hektischen Tag!)

Zitronenmelisse, Hibiskusblüten, Brombeer- und Himbeerblätter, Orangenblüten, Hopfenblüten

An seinem Lieblingsplatz mit einem guten Buch kann man sich so richtig entspannen.

Rote-Beeren-Tee

Holunderbeeren, Schwarze Johannisbeeren, Heidelbeeren, Apfelstücke

Entwässerungstee für die Frühlingskur

Anis, Basilikum, 2fache Menge Brennnesselblätter, Zitronenmelisse

Dieser Tee sollte nicht länger als 5 Tage getrunken werden, danach einige Tage Pause einlegen, damit der Mineralstoffhaushalt im Körper nicht gestört wird.

Wohlfühl-Tee nach Hexen-Art

Getrocknete Apfelschalen, Hibiskusblüten, Hagebuttenschalen, Zitronenmelisse, Brombeerblätter

Zum Wohlfühlen gehört der richtige Tee.

Advent-Tee (bringt so richtig vorweihnachtliche Stimmung in die gute Stube)

Apfelstücke und -schalen, Hagebutten, Hibiskusblüten, pro Tasse ein Viertel einer Zimtstange

Wie und wo trocknet man Kräuter?

Die einfachste und beste Möglichkeit, seine Ausbeute aus dem Kräutergarten zu trocknen, ist, die Pflanzen zu bündeln und an einem trockenen, gut belüfteten Ort aufzuhängen.

Sollte das Wetter nicht mitspielen und auf Grund zu hoher Luftfeuchtigkeit der Trocknungsprozess zu lange dauern, kann man auch auf den Backofen zurückgreifen.

Hierzu werden die Kräuter vereinzelt auf ein mit Backpapier ausgelegtem Backblech gegeben und bei niedrigster Backtemperatur getrocknet. Man sollte auf alle Fälle den Trocknungsprozess überwachen – bis die Blätter knackig trocken sind.

Kräuter bündeln und zum Trocknen an einem schattigen Plätzchen aufhängen.

Lagerung der getrockneten Kräuter

Sobald die Kräuter getrocknet sind, streife ich die Blätter von den Stielen.

Gewürzkräuter für die »Hexenküche« und Kräuter für die Tee-Mischungen werden zerkleinert, der jeweiligen Verwendung nach gemischt und in luftdichten Behältern (ich verwende mit Vorliebe große Einmachgläser mit Dichtungsring) an einem kühlen und vorzugsweise dunklen Ort aufbewahrt. Die Haltbarkeit liegt in der Regel bei ca. 12 Monaten – danach haben sich viele wertvolle Inhaltsstoffe verflüchtigt.

Nicht nur weil's gesund ist – das Kräutersalz

Salz und Kräuter werden in einem Mörser verrieben.

Versuchen Sie, Ihre getrockneten Kräuter mit jodiertem Salz zu verarbeiten. Sie werden mit Sicherheit begeistert sein, wie gut das schmeckt, obwohl die Herstellung etwas aufwendig und »kräfteraubend« ist.

Sie benötigen lediglich 1 Teil Salz und 3 Teile Kräuter. Das Salz und die Kräuter werden in einem Mörser so lange miteinander verrieben (das meinte ich mit »kräfteraubend«), bis sich die Farbe des Salzes in ein helles Grün verwandelt hat.

Und hier sind meine Kräutersalz-Lieblingskräuter:

Bohnenkraut wirkt positiv auf den Verdauungsapparat.

Brennnessel ist hervorragend geeignet fürs Kräutersalz.

Quendel – ich nenne ihn immer meinen »Energiespender«. Er ist wertvoll für unser körperliches Wohlbefinden und auf Grund seines ausgezeichneten Geschmackes eines meiner Lieblingskräuter.

Salbei wirkt positiv auf unsere Schleimhäute.

Thymian ist seit jeher als leicht keimtötend bekannt.

Ysop begünstigt die Funktion unseres Atmungsapparates.

Tipp der Kräuterhexe

Versuchen Sie doch einmal getrocknete Wildkräuter wie Gundelrebe, Schlüsselblume oder Löwenzahnblätter zu Kräutersalz zu verarbeiten!

Vorsichtsmaßnahmen bei der Anwendung von Kräutern:

1. Kein Kraut in überhöhter Dosierung verwenden.
2. Bei chronischen und schmerzhaften Krankheits-Symptomen bitte unbedingt einen Arzt aufsuchen, Kräuter können bei schweren Erkrankungen lediglich die Behandlungsmethoden des Arztes unterstützen.
3. Wildkräuter nur ernten, wenn Sie diese genau bestimmen können und die Wirkung kennen.
4. Keine Kräuterheilmittel (im Besonderen Abführmittel, Wermut, Wacholder) und Mittel, deren Inhaltsstoffe und Wirkungen Sie nicht kennen, während der Schwangerschaft und Stillzeit einnehmen.
5. Anweisungen zur Ernte, Trocknung und Lagerung sollten genau eingehalten werden.

Von »Hexenkräutern« und »Kräuterhexen«

Als »echte Kräuterhexe« möchte ich auch kurz auf die giftigen Kräuter eingehen und einige aufzählen. Die nun angeführten so genannten »Hexenkräuter« wurden laut alten Aufzeichnungen für Flugsalben, Liebestränke usw. verwendet. Ich zweifle jedoch an der Richtigkeit dieser Aufzeichnungen – sicher ist, dass die meisten dieser Kräuter zwar wunderschön, aber extrem giftig sind. Ich möchte in den Ausführungen nicht zu weit ausholen, da diese Pflanzen von Hobby-Kräutersammlern gemieden werden sollten.

Eisenhut

Eines der schönsten und weitverbreitetsten tödlich giftigen Kräuter ist der wunderschön leuchtend blau blühende Eisenhut. Seine Inhaltsstoffe wurden im Mittelalter für Giftpfeile verwendet.

Wunderschön, aber Vorsicht – giftig!

Tollkirsche

Bei dieser Pflanze handelt es sich um eine uralte Pflanze, die Überlieferungen nach sehr stark mit schwarzer Magie behaftet ist. Die Tollkirsche kommt in manchen Gebieten an Waldrändern vor. Der tödlich giftige Extrakt dieser Pflanze hat eine stark halluzinogene Wirkung und wurde von den Hexen des Mittelalters für »Flugsalben« verwendet.

Alraune

Eine der magischsten Pflanzen ist ohne Zweifel die Alraune. Im Mittelalter wurde für die menschenähnlichen Wurzeln der Alraune ein Vermögen bezahlt, denn diese sollten, in Amuletten und als Talisman getragen, einen Liebeszauber ausüben. Außerdem war man davon überzeugt, dass einem Alraune-Besitzer nie das Geld ausgehen würde.

Schwarzes Bilsenkraut

Eine ebenfalls sehr alte und gefährlich giftige Zauberpflanze ist das Schwarze Bilsenkraut, das in der Sexualmagie und in den Hexensalben angewandt wurde. Zur Zeit der Hexenverfolgungen war man davon überzeugt, dass das Schwarze Bilsenkraut den Schutzwall gegen das »Nichtmenschliche« wegreißen sollte.

Ihre Gefährlichkeit erkennt man nicht auf den ersten Blick.

Fingerhut

Zum Abschluss der kleinen Führung durch meine »echten Hexenkräuter« möchte ich Ihnen eine altbekannte Gartenstaude vorstellen, den sehr giftigen Fingerhut. Obwohl diese wunderschöne Giftpflanze einen eher unangenehmen Geruch verströmt, ist sie eine der beliebtesten Blumen in unseren Gärten.

Wer in der Nähe meines Heimatortes unterwegs ist und Lust und Laune hat, meinen Giftkräutergarten zu besuchen, ist herzlich eingeladen, sich davon zu überzeugen, dass man meinen Giftkräutern ihre »Gefährlichkeit« auf den ersten Blick gar nicht ansieht.

Und hier noch einige praktische und dekorative Ideen aus dem Kräutergarten

Tipps und Ratschläge, die schon unsere Urgroßmütter anwandten:

Kräuter-Topfuntersetzer

Aus Stoffresten oder 2 Geschirrtüchern schneidet man 2 Quadrate (ca. 25 x 25 cm) aus. An 3 Seiten werden die Stoffteile zusammengenäht, eine Seite wird zum Befüllen offen gelassen.

Wunderbar duftende Kräuter wie Lavendel, Fenchel, Zitronenkraut einfüllen und auch die 4. Seite zunähen. Nun den Untersetzer absteppen.

Wenn man nun den heißen Kochtopf auf den Untersetzer stellt, verströmt dieser einen wunderbaren Duft.

Auch eine tolle Geschenkidee!

Dieser Topfuntersetzer verströmt einen wunderbaren Duft.

Duft- und Mottensäckchen für den Kleiderschrank

Tipp der Kräuterhexe

Wenn man unter die Trockenkräuter eine Brise geriebene Veilchenwurzeln mischt, hält der Duft noch länger an!

Aus Stoffresten 2 Rechtecke im Format 10 x 15 cm ausschneiden und zu einem Tütchen zusammennähen, mit Trockenkräutern je nach Geschmacksrichtung befüllen und mit einem Band fest verschließen.

Kräuterempfehlung der »Kräuterhexe«:

Zitronenkraut, Thymian, Lavendel, Minze, Rosmarin, Melisse, Rosenblüten.

Da die mit Lavendelblüten gefüllten Mottensäckchen oft nicht den gewünschten Erfolg bringen, empfehle ich hier eine Kräutermischung, die mit Sicherheit jede Motte in die Flucht schlägt: zu gleichen Teilen gemischte Trockenkräuter (Waldmeister, Rainfarn und Heiligenkraut).

Meine Mottensäckchen halten mit Sicherheit jede Motte fern.

Auch für die Kleinsten bestens geeignet – meine Mückenpolster.

Das Sommerrezept: Mückenpolster

Mückenpolster mit getrocknetem Tomatenkraut (auch für die »Kleinsten« bestens geeignet) gefüllt.

Damit Sie auch in der Nacht Ruhe vor lästigen Stechmücken haben, empfehle ich folgenden Trick, den ich schon seit vielen Jahren selbst den ganzen Sommer über anwende und der absolut verlässlich funktioniert:

Aus Stoffresten werden 2 große Quadrate (20 x 20 cm) zugeschnitten und an 3 Seiten zusammengenäht. Die 4. Seite wird zum Befüllen offen gelassen.

Gefüllt wird der Mückenpolster mit getrocknetem Kraut von herkömmlichen Tomatenstauden und einigen Tropfen Zitronen-Duftöl. Ein unaufdringlicher Geruch für den Menschen, aber für Mücken absolut nicht auszuhalten.

Tomatenkraut und Zitronenöl verscheuchen Stechmücken.

Den Polster an das Fußende des Bettes oder auf den Nachttisch legen. Die Wirkung hält ungefähr 2 Monate an. Danach einfach neu befüllen. Wichtig ist nur, dass das Tomatenkraut wirklich trocken ist.

Aus der Hexenküche – Kräuteressig und Kräuteröl.

Kräuteressig und Kräuteröl

Es gibt nichts Feineres, als die herrlichen Duftnoten der verschiedensten Kräuter in Essig und Öl »einzufangen«. Hier zeige ich Ihnen einige wirklich sehr gute Essig- und Öl-Rezepte.

Wildkräuteressig

Hierzu werden im Frühjahr die ersten Wildkräuter, wie Bärlauch, Löwenzahn, Gänseblümchen und Gundelrebe, gesammelt, gewaschen und vorsichtig trocken getupft.

Der Essig muss mindestens 5 % Säure haben.

In dekorative Flaschen füllen und mit bestem Apfel- oder Weinessig aufgießen. Wichtig ist, dass der Essig über einen Säuregrad von mindestens 5 % verfügt, da es sonst vorkommen kann, dass sich eine so genannte »Essigmutter« bildet und der Flascheninhalt verdirbt.

Hervorragend schmecken auch folgende Kräuter, in Essig angesetzt:

- Kapuzinerkresse (Blüten und Blätter)
- Holunderblüten mit Fenchel
- quer durch das Kräuterbeet geerntete Pflanzen – je nach Lieblingsgeschmack

Kräuteröl

Etwas anders verhält es sich mit Kräuteröl. Die Haltbarkeit von Kräuteröl liegt im Gegensatz zu Kräuteressig, der mindestens ein Jahr haltbar ist, bei maximal einem halben Jahr.

Wichtig ist, dass Sie zum Ansetzen von Kräuteröl nur gut getrocknete (!) Kräuter verwenden, da sich Wasser (das sich in frischen Pflanzen befindet) absolut nicht mit Öl verträgt. Die Folge wäre, dass das Öl trüb würde und »umkippt« – also verdirbt.

Nur getrocknete Kräuter verwenden!

Generell können alle getrockneten Kräuter in Öl angesetzt werden, lassen Sie Ihre Phantasie spielen.

Feueröl

Eine besondere Spezialität der »Kräuterhexe« ist das so genannte »Feueröl«:

Für 1 l Öl werden 6 getrocknete Chilischoten in einem Mörser so lange zerrieben, bis sie ganz fein sind. Danach in dekorative Flaschen füllen und mit bestem Öl, z. B. Sonnenblumenöl oder Distelöl, aufgießen.

Nun die Flasche samt Inhalt 2 Tage ruhen lassen und danach kräftig durchschütteln. Das Öl nimmt nun die »feurige« Farbe der Chilischoten an.

Würzig scharfes Feueröl.

Die Königin des Sommers – die Rose

Man liest in den unterschiedlichsten Gartenbüchern und Zeitschriften die ebenso unterschiedlichsten Methoden, Rosen zu pflanzen und zu pflegen. In den letzten Jahren habe ich meine eigene erfolgreiche Methode erarbeitet.

Das Wichtigste beim Pflanzen eines Rosenstockes ist die Vorbereitung des Bodens. Ich empfehle, ein ca. 40 cm tiefes Loch auszuheben und den Lochgrund nochmals mit einem Spaten aufzulockern. Den Lochaushub vermische ich 1 : 1 mit Kompost und füge für die Durchlässigkeit des Gießwassers noch etwas Sand bei, denn Rosen lieben durchlässige Erde. Eventuell kann noch etwas Rosendünger beigemengt werden.

Der Boden muss gut vorbereitet werden.

Sollte an der gewünschten Stelle schon einmal eine Rose gepflanzt worden sein, empfiehlt es sich, die Erde auszutauschen, denn der gleiche Standort für eine neue Rose kann bei wählerischen Sorten zu Kümmerwuchs führen.

Vor dem Pflanzen sollte der Rosenstock etwa 1/2 bis 1 Tag in einen gefüllten Wassereimer gestellt werden. Wenn die Triebe nicht schon beim Kauf vom Gärtner eingekürzt wurden, auf 30 cm abschneiden. Ins Pflanzloch wird die Rose so gesetzt, dass die Veredelungsstelle etwa 5 cm tief im Boden liegt. Nun wird das Loch aufgefüllt und die Erde rund um den Stock leicht angetreten. Jetzt noch rundum tüchtig gießen. Zum Schutz gegen Frost wird die Rosenpflanze mit Erde angehäuft.

Ich erfreue mich schon viele Jahre an der Beetrose »The Queen Elizabeth Rose«, die jährlich üppig blüht und wunderbar duftet.

Für die »Kräuterhexenküche« ernte ich an sonnigen Tagen die Rosenblätter einiger frisch erblühter, tiefroter Rosen, trockne sie und zerreibe sie im Mörser mit Zucker und echter Vanille zu Rosenzucker. Mit seinem wunderbaren Duft ist er eine große Bereicherung für Schlagsahne, auf Kuchen und im Tee.

Ein uraltes Rezept, das alles Süße mit wunderbarem Rosenduft verfeinert – Rosenzucker.

Ich mache Blattläusen im Rosenbeet das Leben schwer, indem ich Lavendelstöcke und Heiligenkraut zwischen die Rosen pflanze, die mit ihren schweren Sommerdüften abschreckend auf die kleinen Plagegeister wirken.

Rosenlikör nach »Kräuterhexen-Art«

Zutaten:

60 g Duftrosenblätter (Je intensiver die Rosenblätter duften, umso aromatischer wird der Rosenlikör – ich verwende auch nur die Blätter tiefroter Rosen)
1/2 l Obstler
200 g brauner Kandiszucker
50 g Wiesenhonig
2 Zimtstangen, 1 Vanilleschote, 2 Korianderkörner

Die frischen Rosenblätter werden mit dem Obstler übergossen und 3 Tage an einem warmen Ort stehen gelassen. Danach wird die Flüssigkeit durch ein sauberes Tuch in eine Schüssel gefiltert.

Nun werden noch die restlichen Zutaten beigemengt, in ein gut verschließbares Glas gefüllt und für 4 Wochen an einem warmen Ort zum Reifen aufgestellt (täglich kurz durchschütteln).

Danach nochmals filtern und in dekorative Flaschen abfüllen.

Tipp der Kräuterhexe

Sehr nett sieht es auch aus, wenn man als Dekoration getrocknete Rosenblüten mit in die Flasche gibt!

Rosenbowle (ein wahrer Genuss!)

Zutaten:
Blütenblätter von 10 stark duftenden, dunkelroten Rosen
Zucker, 1 l trockener Weißwein, 1 Fl. halbtrockener Sekt,
1 l Apfelsaft

Die Rosenblätter verlesen, waschen, in einem Küchentuch vorsichtig trocken tupfen und in eine große Schüssel geben. Die Rosenblätter vorher abwiegen und das gleiche Gewicht Zucker beimengen. Mit Weißwein und Apfelsaft übergießen und 2 Stunden ziehen lassen. Die Rosenblätter wieder aus der Schüssel nehmen und mit Sekt aufgießen.

Dekoriert wird die Köstlichkeit mit frischen Rosenblättern und Eiswürfeln.

Rosenkonfitüre

Zutaten:
300 g Rosenblätter
(Ich verwende mit Vorliebe die Blätter tiefroter Rosen.)
100 g Gelierzucker, 50 g Wiesenhonig
3 EL Wasser, Saft von 1 Orange und 1 Zitrone

Der etwas andere Brotaufstrich – Rosenkonfitüre.

Alle Zutaten in einen Kochtopf geben und einmal kurz aufkochen lassen.

Danach sofort in saubere Schraubgläser füllen.

Eine Rarität, die hervorragend schmeckt!

Wichtig ist bei allen Rosenrezepten, dass Sie die Blätter völlig unbehandelter, stark duftender Rosen verwenden.

Sommerdüfte, die unsere Sinne wecken

Wer kennt das nicht, bei einem bestimmten Duft werden ganz plötzlich Kindheitserinnerungen wach – man erinnert sich an den Duft der Lavendelsäckchen in der Wäsche von Großmutter oder an einen Urlaub am Meer. Das kommt daher, dass unser Geruchssinn im Gehirn ganz eng mit dem Gedächtnis verbunden ist.

Es ist auch wissenschaftlich erwiesen, dass angenehm empfundene Düfte die Seele entspannen, anregend wirken oder beruhigen.

Tipp der Kräuterhexe

Bepflanzen Sie im nächsten Sommer Ihre Terrasse oder Ihren Balkon nicht mit herkömmlichen Geranien oder Petunien, sondern mit Duftkräutern!

Tipp der Kräuterhexe

Sie werden sehen, nicht nur Ihre Nase, sondern auch Ihre Augen werden sich an der Optik erfreuen, denn die meisten Duftkräuter haben auch wunderschöne Blüten!

Ich habe in meinen »Kräuterhexenbüchern« geschmökert und einige Duftnoten zusammengestellt – versuchen Sie es – es ist einen Versuch wert:

Fruchtig-blumig:

Zitronenkraut, Ingwer, Geranie, Zitronenmelisse, Orangenthymian, Zitronenthymian und Oregano.

Das Tüpfelchen auf dem »I« sind Ananassalbei und Currystrauch.

Würzig – im Landhausstil:

Gewürzfenchel, Wermut, Eberraute, Thymian, Salbei, Basilikum, Rosmarin und Schafgarbe.

Orientalisch:

Mönchspfeffer, Patchouli, Muskatnussgeranie, Majoran, Salbei und Basilikum.

Wer auch im Winter auf die ausgewählten »Wohlfühl-Düfte« nicht verzichten will, kann die Blätter im Sommer ernten, an einem schattigen Platz trocknen und damit den Bezug eines Kuschelpolsters befüllen.

Angenehme Düfte entspannen und beruhigen.

Hilfe, die Blattläuse kommen

Blattlausschutz in meinem Kräutergarten – ein Tontöpfchen mit Stroh oder Holzwolle gefüllt als Zuhause für Blattlaus-Feinde.

Diesen Hilferuf hört man oft in den Monaten Juni und Juli, der Hochkonjunktur der Blattläuse.

Als eingefleischte »Kräuterhexe« achte ich darauf, dieses Problem stets ohne chemische Gifte zu lösen.

In schlimmen »Blattlausjahren« erziele ich mit 2 Kräutermischungen sehr gute Erfolge.

Brennesseljauche

Die erste Methode ist meine altbewährte Brennnesseljauche. Angesetzt wird diese Art der Blattlausabwehr mit Regenwasser. Wichtig ist, dass Sie einen nichtmetallischen Behälter verwenden.

Zutaten:

Die Faustregel lautet: 1 kg frisch geschnittene Brennnesseln – bitte dicke Arbeitshandschuhe tragen – auf 10 l Wasser.

Diese Mischung lasse ich 24 Stunden stehen und besprühe dann unverdünnt die betroffenen Pflanzen.

Brennnesseljauche 1 : 10 verdünnt ist auch ein ausgezeichneter Dünger für alle »Starkzehrer« wie Tomaten, Gurken und Zucchini.

Zu einem größeren Problem kann es werden, wenn es sich die Blattläuse schon zu häuslich eingerichtet haben. Hier helfen nur die ganz harten Geschütze.

Blattlaustee

Ich habe in den letzten Jahren eine spezielle Schädlingsbekämpfungs-Jauche entwickelt, die mich eigentlich noch nie im Stich gelassen hat. Ich bin überzeugt davon, dass die Blattlauskolonien beim Genuss dieses »Blattlaustees« schnellstmöglich das Weite suchen werden.

Zutaten:
Je 200 g des gesamten Krautes von Rainfarn, Wermut und Schachtelhalm (Zinnkraut).

Zubereitung: 4 Liter Wasser aufkochen und die vorher in einen großen Eimer eingefüllten Kräuter übergießen – abdecken und 20 Minuten ziehen lassen. Nach dem Abkühlen die befallenen Pflanzen dick besprühen und den Rest in die Wurzeln gießen. Wenn Sie es das erste Mal versucht haben, verstehen Sie sicherlich, warum Blattläuse und Ameisen flüchten werden, denn der Geruch schlägt mit Sicherheit jeden Schädling in die Flucht. Verantwortlich sind aber nicht nur der strenge Geruch von Rainfarn und Wermut, sondern auch die Inhaltsstoffe des Rainfarns, die äußerst störend auf das Wohlbefinden der Blattläuse wirken. Es muss nicht immer Chemie sein!

Rainfarn, Wermut und Schachtelhalm vertreiben jede Blattlaus.

Angewandt wird der Blattlaustee, den man auch in meinem »Kräuterhexenladen« kaufen kann, 2 Tage hintereinander. Um eventuellen Rückkehrern keine Chance zu geben, stecke ich rund um die befallene Pflanze Knoblauchzehen. Damit dürften Sie sicherlich den Rest des Sommers Ihre Ruhe vor den Störenfrieden haben.

Übrigens: Spritzungen mit Schachtelhalm-Tee beugen bei Rosenstauden Mehltau und Rosenrost vor.

Der Horror für jeden Hobbygärtner – Schnecken

Die Blattlausplage kann man ja noch überstehen, ein weitaus größeres Problem sind die alles kahl fressenden Schnecken.

Igel sind hervorragende Bekämpfer der Schneckenplage.

In meinem »Kräuterhexengarten« hat sich das Problem weitgehend von selbst gelöst, seit wir eine Igelfamilie im Garten haben. Wenn wir am Abend auf der Terrasse sitzen, haben wir uns schon oft über das genüssliche Schmatzen der schneckenverzehrenden Igel amüsiert, die sich im Gemüsegarten täglich ihr Abendessen suchen. Aus diesem Grund kommt auch das herkömmliche Schneckenkorn für mich nicht in Frage.

Da aber unsere Igel die jährliche Schneckeninvasion keinesfalls bewältigen können, habe ich noch ein paar Tricks, um die Plage in den Griff zu bekommen.

Da die Nacktschnecken mit Vorliebe in den Dämmerungs- und Abendstunden über Gemüse und Kräuter herfallen, lege ich kurz vor der Dämmerung auf ein A4 großes

Meine Schneckenfalle hilft garantiert.

Stück Karton die Schalen von 3 oder 4 rohen Kartoffeln – ein Leckerbissen für Schnecken. Wenn sich alle zum Festschmaus versammelt haben, nehme ich den Karton mitsamt den Schnecken und entsorge ihn.

Zwischen meine Salatpflänzchen grabe ich mit Bier halbgefüllte Plastikbecher mit Hütchen ein – das frische Bier lockt jede auch noch so hartnäckige Schnecke in die tödliche Falle.

Zusätzlich stecke ich über jedes Pflänzchen, in die ersten Lebenswochen, halbierte Plastikflaschen.

Dieses Schutzhütchen gibt gefräßigen Schnecken keine Chance.

Es ist auch einen Versuch wert, Hindernisse aufzubauen. So kann man um die Pflanzen dicke Schutzringe aus Sägemehl, Holzasche oder zerdrückten Eierschalen aufbauen.

Der Erfolg ist in unserer Gegend aber mehr als fraglich, da es im Salzburgerland oft regnet und somit Sägemehl und Holzasche gleich wieder verschwinden.

Bekämpfung der Wühlmäuse

Als wir unseren Garten nach Bezug des Hauses neu angelegt hatten, wurden wir auch von einer Unmenge von Wühlmäusen besucht, die mit großer Hingabe meine im Herbst gepflanzten Tulpen- und Narzissenzwiebeln verspeisten.

Ein paar von den Quälgeistern übersehene Tulpenkümmerlinge waren die ganze Ausbeute meiner 200 gesetzten Zwiebeln.

Viele Hobbygärtner werden beim Lesen der letzten Zeilen genervt aufseufzen, da ihnen das Problem nur allzu gut bekannt ist.

Im darauf folgenden Jahr versuchte ich die Blumenzwiebeln in Plastikkörbchen, die man speziell für diesen Zweck in Gartencentern kaufen kann, oder einfach in Kükendraht (Hasengitter) gewickelt, in die Beete zu setzen. Das Problem war nur, dass »meine« Wühlmäuse den ganzen Herbst über Zeit hatten, sich einen Weg in die Plastikkörbchen zu nagen. Also war auch diese Methode eine Pleite. Da Gift für mich absolut nicht in Frage kommt, war ich der Verzweiflung nahe, bis mein Nachbar eines schönen Sommermorgens mit einem Stock und einer leeren Plastik-Mineralwasserflasche zu mir kam.

Wühlmäuse sind sehr lärmempfindlich.

Über mein verdutztes Gesicht lächelnd, erklärte er mir, dass ich mit seiner seit Generationen erprobten Methode in einigen Tagen meine Wühlmäuse los sei. Den Tieren würde auch nichts passieren, sie würden sich nur ein neues, ruhigeres Zuhause suchen.

Der Trick an der Sache: Ein ca. 1,5 m langer Stock wird etwa 1/2 Meter tief in die Erde gesteckt und die leere Plastikflasche mit dem Verschluss nach unten darüber gestülpt. Bei jedem noch so kleinen Windstoß schlägt die Flasche am Stöckchen an und das dabei entstehende Geräusch wird in den Boden weitergeleitet. Die sehr geräuschempfindlichen Wühlmäuse können das absolut nicht leiden. So bleibt ihnen nur ein Ausweg – die Flucht zu ergreifen.

Seit dieser Zeit steht den ganzen Sommer über in einer etwas abgelegeneren Stelle meines Hexengartens die spezielle »Wühlmaus-Abwehr«.

Einfach, aber effektiv – meine Wühlmaus-Abwehr.

Kräuter zum Verschenken

Es hat sich bei mir schon vor Jahren eingebürgert, dass ich guten Freunden und Bekannten bei einem Besuch ein so genanntes »Kräuterkistchen« mit wunderbar duftenden Küchenkräutern mitbringe und ich habe mit diesem kleinen Präsent, das Augen und Nase erfreut, auch schon sehr viel Freude bereitet.

Wichtig beim Gestalten dieses Kräutergärtchens im Holzkistchen ist, dass sich am Boden einige Löcher befinden, damit das Wasser gut abfließen kann. Aus diesem Grund kleide ich das Holzkistchen mit Plastikfolie aus und versehe es am Boden mit 3 Abflusslöchern (Durchmesser ca. 0,5 cm). Damit der Abfluss des überschüssigen Wassers stets gewährleistet ist, lege ich über die Löcher einige Tonscherben, um ein Verstopfen zu verhindern.

Küchenkräuter im Kräuterkistchen sind ein »duftendes« Geschenk.

Gepflanzt werden die wichtigsten Küchenkräuter: Petersilie, Schnittlauch, Basilikum und Estragon, die nicht nur frisch ausgezeichnet schmecken, sondern auch einen wunderbaren Duft in der Küche verbreiten.

Mit einer schönen Schleife, einem Terrakotta-Vögelchen oder einem Tonwichtel dekoriert, entsteht ganz schnell ein duftendes, sehr persönliches Geschenk.

Sommer-Rezepte aus dem Kochbuch der »Kräuterhexe«

Basilikumnudeln

Zutaten:
500 g grüne oder bunte Vollkornnudeln,
15 Blatt frisches Basilikum, Saft einer Zitrone, 4 EL Petersilie,
Pfeffer, Salz, 4 EL Sonnenblumenöl

Die Nudeln in Salzwasser kochen, abgießen und abtropfen lassen. Das Öl mit dem Zitronensaft, der Petersilie und dem Basilikum verrühren. Unter die heißen Nudeln ziehen und mit Pfeffer und Kräutersalz abschmecken.

Gemüseschnitzel nach Hexen-Art – es muss nicht immer Fleisch sein!

Zutaten:
700 g frisches Gartengemüse, 2 Eier, 1 gehackte Zwiebel,
2 fein gehackte Knoblauchzehen, 1/2 TL Kräutersalz,
frischer Majoran, Basilikum, 1 kleine Tasse Haferflocken

Das geputzte Gemüse wird bissfest gedämpft und mit dem Pürierstab zerkleinert. Die gehackte Zwiebel wird mit den Haferflocken leicht angeröstet und mit den restlichen Zutaten vermischt.

Aus der so entstandenen Masse werden Laibchen geformt, die in Haferflocken gewendet und in einer Pfanne in Öl beidseitig gebacken werden.

Majoran-Kartoffeln mit Schinken

Zutaten für 4 Personen:
1 kg Kartoffeln, 2 mittelgroße Zwiebeln, 50 g Butter, 40 g Mehl, 1/2 l Fleischbrühe, 200 g Schlagobers (-sahne), Kräutersalz, Pfeffer, 200 g Schinken, 2 TL frischer, fein gehackter Majoran

Kartoffeln waschen und in reichlich Wasser weich kochen, schälen und in Scheiben schneiden. Die Zwiebeln anrösten, Mehl dazugeben und unter ständigem Rühren anschwitzen.

Mit der Fleischbrühe und der Sahne ablöschen und nochmals aufkochen lassen. Mit Kräutersalz und Pfeffer abschmecken.

Den Schinken in Würfel schneiden, mit den Kartoffelscheiben in die Soße geben und alles nochmals erhitzen. Den frischen Majoran unter die Kartoffeln heben.

Zu diesen Speisen passt hervorragend Blattsalat.

Für alle, die sich in eigenen Kreationen versuchen wollen, einige hilfreiche Tipps, welches Kraut zu welcher Speise am besten passt:

Tomatensuppe: Basilikum, Dill, Kerbel, Salbei, Oregano und Paprika.

Gebratener Fisch: Safran, Estragon, Knoblauch, Lorbeer, Borretsch, Dill, Kümmel und Rosmarin.

Gekochter Fisch: Dill, Salbei, Basilikum, Wacholder, Lorbeer, Rosmarin und Currykraut.

Jedes Kräutlein hat seine eigene Verwendungsart.

Gurkensalat: Dill, Bohnenkraut, Knoblauch, Borretsch, Schnittlauch und Petersilie.

Tomatensalat: Dill, Petersilie, Knoblauch, Basilikum, Zwiebel und Thymian.

Rinderbraten: Thymian, Rosmarin.

Huhn: Rosmarin, Basilikum, Paprika, Estragon und Fenchel.

Lamm: Curry oder Currykraut, Kerbel und Majoran.

Wild: Wacholder, Salbei, Gewürznelken, Curry und Estragon.

Schwein: Majoran, Knoblauch, Curry, Thymian, Oregano und Basilikum.

Auch hier gilt – probieren geht über studieren!

Ich hole meine Würzkräuter frisch aus dem Kräutergarten.

Apfelbaum mit Baumlaternen.

Gartenfest im Hexenhaus

Für eine so stressgeplagte »Kräuterhexe« wie mich gibt es eigentlich in den Sommermonaten nichts Schöneres und Entspannenderes, als einen hektischen Tag draußen im Garten oder auf der Terrasse mit der Familie, Freunden und einem guten Gläschen Wein ausklingen zu lassen.

Auf unserem alten, knorrigen Apfelbaum hängen den ganzen Sommer über selbst gebastelte »Baumlaternen«, eine Idee meines Sohnes.

Dazu werden leere Gurkengläser mit bunten Farben bemalt und unter der Öffnung für den Schraubdeckel wird ein Aufhänger mit Draht befestigt.

An schönen Abenden, an denen wir im Garten sitzen, sorgen die mit Teelichtern beleuchteten Baumlaternen für eine freundliche und romantische Stimmung.

Praktischer Nebeneffekt ist auch, dass die oftmals lästigen Stechmücken den beleuchteten Apfelbaum umschwirren und uns weitgehend in Ruhe lassen.

Baumlaternen schützen vor der Stechmückenplage.

Mückenkerzen-Rezept

Zitrone, Orange, Lavendel und Duftgeranien schlagen Mücken in die Flucht.

Sollten die Stechmücken trotzdem ihre Freude daran haben, Ihren Grillabend zu verderben, habe ich ein tolles Mückenkerzen-Rezept – bei dem sicher jede Mücke die Flucht ergreift.

Hierzu werden für 2 Duftkerzen Kerzenreste, die sich in jedem Haushalt befinden, eingeschmolzen und je 2 Tropfen Lavendel- und Duftgeranienöl sowie 4 Tropfen Zitronen- und 4 Tropfen Orangenduftöl beigemengt.

Während des Abkühlens ab und zu vorsichtig durchrühren, damit sich das Duftöl in der gesamten Kerze verteilt. Wenn die Masse gerade noch flüssig ist, in ein Blumentöpfchen gießen.

Vorher wird das Abflussloch mit einem Stück Karton und etwas flüssigem Wachs abgedichtet und der Kerzendocht mit 2 Stäbchen, die oben am Topfrand den Docht halten, fixiert.

So verderben Ihnen die Stechmücken nicht den Abend – mit dieser selbst gemachten Mückenkerze.

Kräuter, die helfen sich zu entspannen

Hopfen

Hopfen wächst wild an Waldrändern. Die gelblich grünen Blüten haben einen würzig frischen Duft. Bei der Pflanze handelt es sich um einen wahren »Kletterkünstler«, der im Laufe eines Sommers bis zu 6 m lang wird. Ich verwende die getrockneten, jungen Triebe in meinen Abend- und Zappelphilipp-Traum-Tees und in meinen Traumkissen.

Sollten Sie Einschlaf-Probleme haben, versuchen Sie folgenden Trick der »Kräuterhexe«: Füllen Sie einen Kuschelpolster-Überzug mit getrockneten Hopfentrieben, Orangenblüten und Heublumen. Der Duft dieser Kräutermischung ist eher dezent, verfehlt aber nicht seine Wirkung. Selbstverständlich können auch Zitronenkraut, Pfefferminze, Baldrian oder Lavendel beigemengt werden. Da diese Kräuter einen ausgeprägten Eigenduft haben, sollten diese sparsam verwendet werden. Das gilt in erster Linie für den Baldrian, dessen Duft nicht jedermanns Sache ist.

Hopfen beruhigt und entspannt.

Heublumen

Unter dem Begriff Heublumen versteht man eigentlich Abfälle von Heulagern. Sie bestehen aus den verschiedensten Blättern, Blüten und Samen. Um größere Pflanzenteile und eventuell Staub auszusortieren, sollten die Heublumen vor dem Gebrauch durchgesiebt werden.

Ich wäre auch keine richtige »Kräuterhexe«, wenn ich nicht noch einige »Wohlfühl-Tipps« mit Heublumen auf Lager hätte.

Wohltuendes Heublumen-Bad

Dazu einen Waschhandschuh mit Heublumen befüllen, mit einem Stück Schnur zubinden und ins einlaufende Badewasser geben.

Um das Aroma zu verstärken, können Sie noch einige Lavendel- und Rosenblüten dazugeben.

Rheumakissen

Das Rheumakissen lindert Schmerzen und Verspannungen.

In einem Polsterüberzug eingefüllte und im Backofen auf max. 50 °C erwärmte Heublumen sind schon seit jeher in der Volksmedizin zur Linderung von Rheuma und Verspannungen verwendet worden.

Probieren Sie es aus, Voraussetzung ist allerdings, dass man keine Heuallergie hat!

Kräuter-Körner-Maus

Aus einem Stoffrest 2 große Dreiecke zuschneiden und bis auf eine kleine Öffnung zum Einfüllen zunähen, mit je einem Teil Dinkelkörner, Weizenkörner, Dinkelspelz und Heublumen füllen und zunähen. Die beiden unteren Enden der Maus zu einem Knoten binden, Ohren aufnähen, Augen und Nase ankleben.

Die Maus nun auf 50 °C im Backofen erwärmen und danach auf die schmerzenden Körperstellen auflegen.

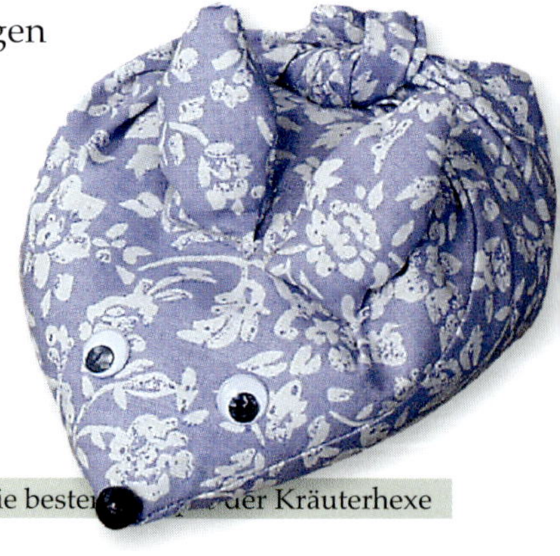

Diese Bank lädt zum Verweilen ein.

Der Herbst – Hochsaison im »Hexenhaus«

Bei uns in Österreich, vor allem in den ländlichen Regionen, wird der Erntedank seit jeher als großes Fest begangen. In wunderschönen Umzügen wird der Natur und unserer Schöpfung für das vergangene Erntejahr gedankt.

Ebenfalls ein schöner Brauch sind die Bauernherbst-Feste im Salzburger Land. In großen Märkten bieten die Bauern ihre Produkte aus der Ernte des vergangenen Sommers an und bei den Wirten werden ausschließlich Speisen und Getränke aus der Produktion der heimischen Bauern angeboten. Als Begrüßung aller Bauernherbst-Gäste stehen an den Ortseinfahrten große Figuren aus Heu oder Stroh.

Beim Erntedank wird der Natur für ihre Gaben gedankt.

Sollten Sie einmal zwischen Ende August und Ende Oktober den Flachgau, Pongau, Tennengau, Pinzgau oder Lungau des Salzburger Landes besuchen, machen Sie einen Abstecher in einen Bauernherbst-Ort und lassen Sie sich mit heimischen Produkten verwöhnen – ein unvergleichliches Erlebnis.

Bauernherbst-Rezepte aus dem Salzburger Land

»Kassuppn« (Käsesuppe)

Zutaten für 4 Personen:
1 l Rindsuppe oder klare Würfelbrühe
150 g Schmelzkäse oder Gorgonzola
30 g Mehl
30 g Butter
1/16 l trockener Weißwein
1 fein gehackte Zwiebel
2 mit Kräutersalz zerdrückte Knoblauchzehen
Schnittlauch

Die Zwiebel fein schneiden und in der Butter anrösten. Mit Weißwein ablöschen und kurz einkochen lassen. Danach das Mehl beimengen und mit der Suppe aufgießen. Nun mit dem Schneebesen unter ständigem Rühren 10 Minuten kochen lassen, Käse und Knoblauch beigeben.

Als Einlage eignen sich hervorragend geröstete Weißbrotwürfel oder Semmelschnitten.

»Mostbratl« (Apfelweinbraten)

Zutaten für 4 Personen:
800 g Lungenbraten
150 g gut durchwachsener Speck
1 EL gehackte Petersilie
2 Rosmarinzweige
5 Gewürznelken
1 Messerspitze Ingwer
1/8 l Essig
1/4 l Most (Apfelwein)

Den Speck fein schneiden, den Boden einer Pfanne damit bedecken und die Gewürze darüber streuen. Den mit Kräutersalz und Pfeffer gewürzten Lungenbraten darauf legen und mit einer Mischung aus 1/8 l Essig, 1/8 l Wasser und Apfelwein bedecken.

Das Ganze so lange dünsten, bis das Fleisch mürb und der Saft dick geworden ist. Mit Salzkartoffeln und gedünstetem Herbstgemüse servieren.

»Stanitzel« (Sahnetüten)

Zutaten für 4 Personen:
2 Eier
120 g Mehl
120 g Zucker

Eier, Zucker und Mehl glatt verrühren. Blech befetten und mit Mehl bestauben, mit einem Kaffeelöffel den Teig oval auf das Backblech streichen – nicht dicker als 1/2 cm.

Bei 200 bis 250 °C ca. 5 Minuten (ganz hell) backen. Sofort vom Blech lösen und zu Tüten drehen.

Mit Schlagsahne (mit Rosenzucker verfeinert!), Eis oder frischen Waldfrüchten füllen und mit Rosen- oder Staubzucker bestreuen.

Mit Rosenzucker verfeinert – ein Genuss!

Erntedank bei der »Kräuterhexe«

Langsam, aber sicher weicht der Spätsommer dem Herbst. Das Laub auf den Bäumen beginnt bunt zu werden, die Äpfel und Birnen in meinem Obstgarten bekommen rote und gelbe Backen und laden zum Pflücken ein, man merkt förmlich, dass die Natur um uns herum träge wird. Obwohl der schlimme Hagel im Juli des Vorjahres an den Bäumen schlimme Narben hinterlassen hat, war die heurige Ernte überraschend gut.

Im Herbst erkennt man erst, ob es ein gutes Gartenjahr war.

Der Herbst ist eigentlich meine Lieblings-Jahreszeit. Ein Grund dafür ist auch, dass ich nicht zu den sonnenhungrigen Menschen gehöre, die sich stundenlang in der Sonne braten lassen. Ich liebe die bunten Bäume und danke im Herbst der Natur für die reichlichen »Geschenke«, die mir Gemüse- und Kräutergarten den Sommer über gemacht haben. Jetzt erkennt man auch, ob es ein gutes Gartenjahr war oder ob zu viel Regen die Ernte verdorben hat. Heuer war ein ausgesprochen gutes Jahr und ich mache mich nun täglich daran, die Früchte des Sommers zu verarbeiten, damit wir auch im Winter noch ein Stück des Sommers genießen können.

Kürbisdekoration vor dem Kräuterhexen-Laden.

Jetzt werden auch meine Kürbisse geerntet und zu dekorativen Halloween-Kürbissen umgestaltet. Mit ein paar tollen Tricks, die ich von einem befreundeten Gemüsebauern bekam, ist es mir gelungen, richtige Riesenkürbisse heranzuziehen. Natürlich möchte ich Ihnen diese Tipps keinesfalls vorenthalten.

Ich habe im Frühjahr die Pflanze auf einem kleinen Hügel, den ich ausschließlich mit Kompost und »altem« Kuhmist angehäuft habe, gesetzt. Ähnlich wie auf einem Hügelbeet kann sich der Pflanzhügel schneller erwärmen, wodurch das Wachstum der sonnenhungrigen Kürbispflanzen gefördert wird. Wichtig ist, dass die Pflanze stets feucht gehalten wird.

Mein ganzer Stolz des letzten Herbstes.

Zusätzlich habe ich die langen Kürbistriebe den ganzen Sommer über immer wieder mit Erde bedeckt, sodass nur die Blätter zu sehen waren. Dadurch wird das Wurzelwachstum angeregt und die Pflanze kann mehr Wasser und Nährstoffe aufnehmen. Gedüngt wurde während des Sommers reichlich mit unverdünnter Brennnesseljauche.

Im Herbst, wenn die Abende und Nächte wieder kühler werden, schützt ein Folientunnel, den ich mit Weidenruten, die in einem Bogen über die Pflanzen gesteckt und mit Folie abgedeckt werden, gebaut habe.

Es ist unbedingt darauf zu achten, dass an besonders sonnigen spätsommerlichen Tagen der Tunnel gut gelüftet wird, da es unter der Folie leicht zu heiß und zu trocken werden kann.

An sonnigen Spätsommertagen den Tunnel gut lüften!

Diese einfachen und äußerst wirksamen Tipps verhalfen mir zu 5 riesigen Kürbissen, auf die ich besonders stolz bin.

Die Hüllen der Kürbisse werden in meinem Geschäft und vor meiner Hexenwerkstatt als gruselige Halloween-Gesichter aufgestellt. Aus dem Fruchtfleisch mache ich leckere Kürbiscremesuppe, die ich mit einem Schuss echtem Kürbiskernöl und gerösteten Schwarzbrotwürfeln verfeinere.

Rezepte rund um den Kürbis

Kürbiscremesuppe

Etwa 1/2 kg des Fruchtfleisches wird entkernt, in Stücke geschnitten und in ganz wenig Salzwasser gekocht, durch ein Sieb gestrichen und mit etwas Mehl gebunden. Gewürzt wird mit 1 TL Kümmel und fein gehacktem Dillkraut.

Anschließend gießt man 1/4 l Milch und 1/2 l Gemüsebrühe dazu. Durch einen Schuss Zitronensaft und einige Tropfen Kräuteressig wird der Geschmack pikanter.

Schnell und einfach zubereitet.

Kürbissoße

1/2 kg Kürbis-Fruchtfleisch nudelig schneiden, einsalzen und 1/2 Stunde stehen lassen. 1 große Zwiebel dazugeben, mit Paprikapulver und 2 Knoblauchzehen würzen und 15 Minuten dünsten. Danach mit einem 1/4 l Wasser aufgießen und noch 10 Minuten fertig kochen.

Tipp der Kräuterhexe

Die Kürbissoße passt ausgezeichnet zu gekochtem Rindfleisch!

Für all diejenigen, die aus Platz- oder Zeitmangel keinen »echten« Kürbis anbauen können – hier ein Basteltipp der »Kräuterhexe«, wie Sie ohne besonderen Aufwand Ihren Kürbis selbst basteln können:

Bastelanleitung Heukürbis

Man braucht:
1 kg Heu
heufarbige Nähseide
Moosgummi in schwarz und weiß
etwas Bast

Aus dem Heu wird eine Kugel mit einem Durchmesser von ca. 30 cm gewickelt. Aus dem Moosgummi jeweils 2 Dreiecke ausschneiden und mit Heißkleber anbringen. Einen kleinen Strang Heu mit gelbem oder naturfarbigem Bast umwickeln und als Mund aufkleben.

Den Stängel des Kürbisses auf Karton vorzeichnen, ausschneiden und mit Bast umwickeln.

Als Dekoration ein herbstliches Band, Sonnenblumen und einige Ähren anbringen.

Dieser lustige Heukürbis erfreut Sie jahrelang.

Diese Schätze schenkt uns der Herbst.

Nicht nur im »Kräuterhexengarten« wird jetzt fleißig geerntet, auch die Früchte des Waldes, wie Haselnüsse, Heidelbeeren, Brombeeren und die Beeren des Holunders, werden zu wunderbar schmeckenden und wärmenden Likören verarbeitet. Meine Rezepte sind sehr alte, seit Generationen überlieferte Rezepte und somit eine Garantie dafür, dass sie ganz einfach gelingen. In hübschen Flaschen verpackt und mit einer schönen Schleife versehen, sind sie auch ein gern gesehenes Geschenk.

Haselnusslikör

Wenn die Haselnüsse von der dünnen Schale befreit sind – noch einmal rösten.

200 g ausgelöste Haselnüsse werden im Backrohr bei 150 °C und mehrmaligem Rütteln gut getrocknet, danach abgerieben und zwischen einem trockenen Tuch von der dünnen Schale befreit. Nochmals im Backrohr leicht rösten und fein mahlen. Einen 3/4 l kalte Milch oder Schlagsahne lässt man mit einer halben Vanilleschote und den fein geriebenen Haselnüssen 5 Minuten unter ständigem Rühren langsam kochen. Zum Erkalten wird die gekochte Haselnussmilch in ein kaltes Wasserbad gestellt.

Inzwischen schlägt man 4 Dotter mit 300 g Zucker zu einer dickschaumigen Masse, gießt dann unter Rühren die Haselnussmilch hinzu.

Zuletzt mengt man 3/16 l Weingeist und 1 Schnapsglas Weinbrand bei. Der Likör wird nun in eine Flasche abgefüllt und fest verkorkt. 5 Stunden stehen lassen, dabei öfter schütteln. Danach wird der halbfertige Likör in eine trockene, saubere Flasche gefiltert.

Nach 24 Stunden ist der Haselnusslikör fertig.

Heidelbeerlikör

450 g sauber geputzte und trockene Heidelbeeren in eine Flasche füllen, mit 1/2 l Kornbranntwein und 1/8 l 96 %igen Alkohol übergießen, verkorken und 6 Wochen an einem sonnigen Platz aufstellen. Danach 300 g braunen Kandiszucker mit 1/3 l Wasser unter Abschäumen gut aufkochen lassen, erkaltet zum Ansatz gießen und wieder verkorken. Nach einer Woche gut aufschütteln und nach einer weiteren Stunde ruhigem Abstehen durch ein feines Tuch filtern und nach Zugabe von 1/8 l Weinbrand in Flaschen füllen.

Fruchtliköre sind eine Köstlichkeit.

Himbeerlikör

500 g saubere, reife Himbeeren leicht zerdrücken, mit 1/2 l 96 %igem Alkohol in eine Flasche geben, verkorken und 3 – 4 Wochen in einem warmen, hellen Raum stehen lassen. 350 – 400 g Zucker mit 1/3 l Wasser unter Abschäumen 10 Minuten kochen und anschließend erkalten lassen. Zum Ansatz geben, wieder verkorken und nach 3 Tagen durch ein vorher durchnässtes Leinentuch filtrieren, in dekorative Flaschen abfüllen und gut verkorken.

Nach weiteren 2 Wochen ist der Himbeerlikör als leckerer Aperitif fertig.

In dekorativen Flaschen abgefüllt sind selbst gemachte Liköre eine nette Geschenkidee.

Holunderlikör

1 1/2 l saubere Holunderbeeren lässt man mit 2 l Wasser 25 Minuten kochen (bis die Beeren weich sind). Dann seiht man das Ganze durch ein Tuch. Den Saft lässt man mit 1 kg braunem Kandiszucker und 1/2 Vanilleschote 35 Minuten kochen und vermischt ihn, wenn er ausgekühlt ist, mit 1/2 l Weingeist.

In saubere Flaschen abfüllen und gut verkorken.

Auch Gemüse kann man einlegen.

In der Hexenküche läuft die Arbeit wieder auf Hochtouren. Eine Unzahl von verschiedensten Likören und Säften wird eingekocht und angesetzt, Marmeladen nach »Kräuterhexenart« werden eingekocht und in schöne Gläser abgefüllt. Auch Gemüse wird eingelegt und wartet in der Speisekammer darauf, den ganzen Winter über verspeist zu werden. In meinem Garten war eine wahre Zucchini-Invasion ausgebrochen. Aus 3 Pflänzchen, die ich wie jedes Jahr selbst aus Kernen gezogen hatte, wuchs eine Unmenge von Früchten.

Da ich es mir und meiner Familie nicht zumuten konnte, über Wochen gefüllte, gedünstete, gegrillte oder zu einem Kuchen verarbeitete Zucchini zu essen, überlegte ich mir eine Alternative – ich legte dieses wunderbare Gemüse in Essig ein, dann hat man auch im Winter noch etwas von dieser Köstlichkeit.

Eingelegter Zucchini

Zutaten:
1 1/2 l Essig, 1 1/2 l Wasser, 100 g Zucker,
100 g Kräutersalz, Pfefferkörner, Lorbeerblätter,
ein paar Fenchel-Körner und Dillkraut

Die Flüssigkeit in eine Kasserolle füllen und kurz aufkochen lassen, dann die in grobe Streifen geschnittenen Zucchini dazugeben und zudecken. Nach 5 Minuten die Kasserolle öffnen, das Gemüse wenden und nochmals kurz aufkochen lassen.

Nun die Zucchini mit der Flüssigkeit in saubere Schraubgläser füllen, mit Essig auffüllen und die Gläser gut verschließen.

Eingelegter Knoblauch

Aber nicht nur Zucchini lässt sich durch Einkochen wunderbar haltbar machen, auch Knoblauch ist in Essig eingelegt eine Spezialität.

Zutaten:
1/2 l Essig, 500 g Knoblauch, 20 bunte Pfefferkörner,
20 Pimentkörner,
4 Lorbeerblätter, 2 Gewürznelken,
4 TL Zucker und 1/4 l Wasser

Die gesamte Flüssigkeit 5 Minuten kochen lassen, die geschälten Knoblauchzehen hinzugeben. Nochmals aufkochen lassen und sofort in verschließbare Gläser füllen. Nun das Ganze gut verschließen und 4 Tage stehen lassen. Nach dieser Zeit ist der Knoblauch zum Verzehr bereit.

Gesund und lecker – eingelegter Knoblauch.

Allen Knoblauchfans, die den Versuch wagen möchten, Knoblauch im eigenen Garten anzubauen, möchte ich einige Tipps verraten:

- Knoblauch lässt sich auch ganz hervorragend am Balkon oder auf der Terrasse in genügend tiefen Töpfen ziehen.
- Der Knoblauch ist eine genügsame Pflanze. Das für den Anbau vorgesehene Beet sollte lediglich an der Südseite des Gartens sein, da der Knoblauch die Wärme liebt.
- Ein großer Pluspunkt für den Anbau ist auch, dass sich der Knoblauch ausgezeichnet für eine Mischkultur mit Petersilie, Erdbeeren und Karotten eignet, ja sogar deren Wachstum und Entwicklung fördert.
- Zu kaufen bekommt man Samen und Steckknollen der verschiedensten Knoblauchsorten. Ich persönlich bevorzuge die Knollen mit den weißen und rosavioletten Häutchen, denn diese haben einen besonders würzigen Knoblauch-Geschmack.

Tipp der Kräuterhexe

Knoblauch verträgt keine Kühlschranktemperatur und auch kein Einfrieren!

Hagebutte, Schlehdorn und Weißdorn

Diese 3 Sträucher und ihre Früchte sind – richtig angewandt – eine große Bereicherung für unsere Gesundheit und sollen in keinem Hexengarten fehlen.

Hagebutte

Dieser dornige Strauch kann eine Höhe von bis zu 3 Metern erreichen. Die Farbe der Blüten reicht, je nach Art, von weiß über rosa bis zu einem wunderschönen, stark duftenden Dunkelrot, welche sich im Laufe des Sommers in orangefarbige bis knallrote Früchte verwandeln. Der Lieblingsstandort der Hagebutte ist an Zäunen, man findet verwilderte Formen aber auch an Waldrändern. Er erfreut uns mit seiner Blüte von Anfang bis Ende Juni, die Früchte werden je nach Verwendungsform vor oder nach dem ersten Frost geerntet. Die Hagebutten besitzen einen größeren Vitamin-C-Anteil als Orangen und Zitronen. Daher versteht es sich von selbst, dass die Hagebutte in vielen meiner Teemischungen ein wichtiger Bestandteil ist. Für den Teezusatz verwende ich die gesamten, vor dem ersten Frost geernteten und getrockneten Früchte, also auch die Kerne.

Hagebutten haben sehr viel Vitamin C.

Eine Spezialität der »Kräuterhexe« – der Hagebuttenlikör

Zutaten:

1 kg Hagebutten (nach dem ersten Frost geerntet)
1 l bester Obstler (mindestens 40 Vol.-%)
250 g brauner Kandiszucker
1/4 l Wasser

Die Hagebutten werden eingeschnitten und für 1/2 Tag zugedeckt in lauwarmem Wasser angesetzt.

Danach werden die Früchte abgeseiht, gut ausgedrückt und mit dem Obstler in ein gut verschließbares Gefäß gefüllt. Dem Ganzen lässt man 6 Wochen Zeit zum Reifen.

Nach dieser Zeit wird der Zucker mit 1/4 l Wasser aufgekocht, bis er sich aufgelöst hat.

Nachdem der Alkoholansatz durch ein ganz feines Tuch gefiltert wurde, mit der erkalteten Zucker-Wasser-Mischung übergießen und gut durchrühren.

Ganz einfach nachzumachen – Hagebuttenlikör.

Hagebutten-Sirup nach »Kräuterhexen-Art«

Zutaten:
1,5 kg Hagebutten
1 l trockener Weißwein
200 g brauner Kandiszucker pro Liter Saft
150 g Wiesenhonig

Die gut geputzten, halbierten und von den Kernen befreiten Hagebutten in eine große Schüssel geben und mit dem Wein bedecken. Zwei Tage an einem kühlen Ort ziehen lassen.

Danach in einen Kochtopf umfüllen und kurz aufkochen lassen. Wenn die Hagebutten weich sind, wird der Schaum abgeschöpft und die Früchte werden durch ein feines Tuch passiert.

Die Menge des Fruchtsaftes mit Zucker aufmessen und unter ständigem Rühren mit dem Honig zum Kochen bringen.

Der nun fertige Sirup wird in heiße, fein gesäuberte Flaschen gefüllt und gut verschlossen.

Schlehdorn

Erinnerungen an meine Jugendzeit sind mit dem Schlehdorn eng verbunden.

In der Gegend, in der meine Großmutter wohnt, waren zu dieser Zeit noch viele der Sträucher an den Weg- und Straßenrändern des Ortes vorhanden. In starker Erinnerung ist auch der wärmende, tiefrote Schlehdorn-Likör, den meine Großmutter Mitte November ansetzte und der dann um die Weihnachtszeit so richtig reif war, geblieben. Ich kann mir auch kein Weihnachtsessen ohne anschließenden Schlehenlikör vorstellen.

Schlehdorn wird in der Volksmedizin vielseitig eingesetzt.

Schlehenlikör

Zutaten:
1 kg reife Schlehen (entweder nach dem ersten Frost geerntet oder für 1 Nacht ins Tiefkühlfach)
1 l bester Obstler
2 Vanillestangen, 250 g brauner Kandiszucker
10 Scheiben von unbehandelten Orangen (mit Schale!)

Die Schlehen werden zerdrückt, mit dem Obstler und den restlichen Zutaten in ein gut verschließbares Gefäß gegeben und an einem sonnigen, warmen Platz 6 Wochen stehen gelassen.

Danach den Ansatz durch ein feines Mulltuch abfiltern, in Flaschen füllen, gut verschließen und im Keller noch mindestens 3 Wochen nachreifen lassen.

In meinem Haus ein Muss in der Vorweihnachtszeit – der Schlehenlikör.

Auch an der vielseitigen Verwendbarkeit in der Volksmedizin sieht man, wie wohltuend der Schlehdorn auf unsere Gesundheit wirken kann.

Bei Magenschwäche, Nieren-, Blasen- und Harnleiden soll das Mus helfen, bei Bronchitis und Husten der Blütentee; äußerlich angewandt, durch Umschläge, sollen Frucht und Saft bei Mund- und Zahnfleischentzündungen sowie Nasenbluten hilfreich sein.

Eine alte Bäuerin unserer Gegend, von der ich schon sehr viele hilfreiche Tipps erhalten habe, schwört darauf, dass die Früchte getrocknet oder als Mus bei Stuhlverstopfung hilfreich sein sollen.

Die dunkelblauen Schlehen werden erst nach Überreife und Frosteinwirkung genießbar.

Tipp der Kräuterhexe

Ein so genannter Insider-Tipp ist auch, die noch nicht dem ersten Frost ausgesetzt gewesenen Früchte über Nacht ins Gefrierfach zu legen!

Schlehdornblüten-Tee

Ein weiterer »Kräuterhexen-Geheimtipp« ist der Schlehdornblüten-Tee.

Auf Grund seiner blutreinigenden und entschlackenden, harntreibenden und leicht abführenden Eigenschaft eignen sich die Blüten des Schlehdorns, als Tee getrunken, hervorragend für die Frühjahrs-Kur.

Schlehdornblüten gehören zu jeder Frühjahrskur.

2 EL frische oder 1 EL getrocknete Schlehdornblüten pro Tasse werden mit heißem Wasser übergossen und 5 Minuten zugedeckt.

Mit Honig und Kandiszucker getrunken, ist dieser Tee ein wahrer Genuss.

Das ganze Jahr über eine Wohltat für Geist und Körper – Früchte- und Kräutertees.

Schlehdorn-Mus

Schlehdorn-Mus ist ein hervorragendes Stärkungsmittel.

Seit jeher gilt auch das Mus aus den Früchten des Schlehdorns als hervorragendes Stärkungsmittel nach überstandenen Krankheiten oder einfach nur zur Stärkung des Körpers. Die Großmutter meines Mannes war viele Jahrzehnte in Seekirchen als Hebamme tätig und sie war es auch, die von der Geburt geschwächten Frauen Schlehdorn-Mus empfahl, um wieder zu Kräften zu kommen.

Für das Mus werden die ebenfalls nach dem ersten Frost geernteten Früchte über Nacht in etwas Wasser stehen gelassen, danach püriert und mit Zuckersirup kurz aufgekocht.

In saubere Gläser mit Schraubverschluss abgefüllt, hält das Schlehdorn-Mus mehrere Monate.

Eine Spezialität unserer Region – Schlehenmarmelade mit Heidelbeeren

Zutaten:
1 kg Schlehen, 80 g Heidelbeeren
1 kg Gelierzucker, 2 EL Orangensaft
8 EL Himbeergeist

Die sauber geputzten Früchte, getrennt je nach Sorte, in einem Kochtopf kurz aufkochen lassen (mit so wenig Wasser wie möglich), bis sie weich sind.

Danach durch ein feines Sieb passieren und zusammen mit den anderen Zutaten in einem Kochtopf aufkochen lassen.

Noch heiß in saubere Schraubverschluss-Gläser füllen. Schmeckt hervorragend zu Vanilleeis und Palatschinken (Pfannkuchen).

Weißdorn

ist mein absoluter Favorit. Er ist mit seinen herzstärkenden Inhaltsstoffen seit jeher ein wichtiger Bestandteil in der Volksmedizin.

Man findet den dornigen, mittelgroßen und eher ausladenden Strauch heute noch gelegentlich an den Rändern von Laubwäldern oder in höher gelegenen Gegenden, bevorzugt am Rand von Föhrenwäldern.

Viele Menschen haben den Weißdorn als Zierstrauch oder als Heckenpflanze im Garten, ohne von seinem großen Wert zu wissen.

Weißdorn stärkt das Herz.

Ein wunderschöner Dekorations-Tipp: Getreidekranz

Material:
2 Bund getrocknete Weizenähren
Bindedraht
1 Strohreifen (25 cm Durchmesser)
getrocknete Orangenscheiben
Sonnenblumen
farblich passendes Band und Golddraht zur Dekoration

Um den Strohreifen werden bündelweise (je 5 – 6 Stück) Weizenähren mit Bindedraht am Reifen festgebunden. Die Rückseite nicht umwickeln, damit der Kranz besser aufliegt.

Eine Bastschleife als Aufhänger sowie Bänder, Orangenscheiben und Sonnenblumen mit Heißkleber anbringen.

Herbst-Arbeiten im Hexengarten

Empfindliche Kräuter gehören in den Wintergarten.

Ende August ernte ich das letzte Mal in meinen Kräutergärten. Ab dieser Zeit lasse ich den Pflanzen Zeit sich auf die kalte Jahreszeit vorzubereiten.

Die Duftpelargonien, den Rosmarin und Lorbeer sowie das wohlriechende Eisenkraut (Zitronenkraut) und die Terrassen-Kübelpflanzen – Oleander, Fuchsie und die inzwischen 4 Meter hohe Engelstrompete – übersiedle ich in mein Überwinterungshäuschen.

Da wir leider nur einen begrenzt freien Raum zur Verfügung haben, habe ich für meine empfindlichen Kräuter eine Art Wintergarten gebaut. Hier können sie ihren erholsamen Winterschlaf ungestört abhalten.

Zur Kontrolle der Temperatur habe ich ein Thermometer montiert und den ganzen letzten Winter über fiel dieses nie unter 5 °C.

Also ein ideales Winterquartier für alle Pflanzen, die unsere Winter im Freien nicht überstehen würden.

Diesen selbst gebauten Überwinterungsraum kann man im Frühjahr leicht wieder entfernen.

Wenn Sie diesen Überwinterungsraum nachbauen möchten, sollten Sie aber unbedingt darauf achten, dass UV-beständige Folie verwendet wird und dass an warmen und frostfreien Tagen gut gelüftet wird, damit die Luftzirkulation und die Luftfeuchtigkeit im Raum stimmen.

Da wir das Winterquartier direkt an der Wand zu meinem Bürofenster montierten, habe ich die Möglichkeit, an besonders frostigen Tagen, die bei uns im Februar manchmal sogar bis zu minus 20 °C erreichen, das Fenster zu kippen, sodass die warme Luft des Raumes in das Überwinterungsquartier gelangen kann.

Wie wohl sich meine Pflanzen den ganzen Winter über fühlen, sehe ich daran, dass ich den ganzen Winter über Schnittlauch, Petersilie, Estragon und sogar Basilikum, ernten kann.

So kann ich auch im Winter frische Kräuter ernten.

Aber nicht nur Pflanzen aus den Mittelmeer-Ländern brauchen ein gemütliches Plätzchen für den Winter, auch die kleinen Rosenbäumchen wollen gut auf den Winter vorbereitet werden. Am besten funktioniert die Überwinterung, wenn man die Krone des Rosenbäumchens auf den Boden biegt und mit Erde bedeckt.

Im Frühjahr, wenn sich die ersten warmen Sonnenstrahlen zeigen, wird die Krone wieder ausgegraben und wächst und gedeiht wie im Vorjahr.

Diese Methode funktioniert aber nur bei ganz jungen, nicht zu großen Rosenbäumchen, bei größeren Pflanzen packe ich die Krone samt Veredelung (sehr wichtig!) in einen mit Stroh und Holzwolle gefüllten Jutesack warm ein.

Zurückgeschnitten werden meine Rosen auf eine Trieblänge von ca. 30 cm erst im Frühjahr.

Warm eingepacktes Rosenbäumchen.

Die Knollen meiner Dahlien grabe ich in dieser Zeit aus und bette sie in ein mit Stroh gefülltes Kistchen. Verstaut werden sie in der kühlen, aber frostfreien Garage, wo sie gemütlich ihren Winterschlaf halten können. Gegossen werden die Dahlienknollen nicht.

Mehrjährige heimische Kräuter brauchen in der Regel keinen oder nur wenig Winterschutz, außer es handelt sich um junge, im Herbst gesetzte Pflanzen.

Ich empfehle aber generell, Kräuter im Frühjahr zu setzen, da sich bis zum Herbst bereits gut durchwurzelte, starke Pflanzen entwickelt haben, die dem kalten Winter besser entgegentreten können. Sollten Sie im Herbst junge Kräuter gepflanzt haben, bitte unbedingt mit Holzwolle, Stroh und Tannenreisig abdecken.

Wo es zu warm ist, die Pflanzen nicht abdecken – Schädlinge!

In wärmeren Regionen rate ich davon ab, die Pflanzen abzudecken, da es unter der Winterhaube leicht zu warm wird und somit die Schädlinge aus dem letzten Sommer die idealen Bedingungen zum Überleben in der kalten Jahreszeit finden.

Es ist nicht unbedingt die Kälte, die den Pflanzen im Garten zusetzen kann. Es gibt nichts Schlimmeres, als frostige und zugleich sonnige Tage, denn unter diesen Bedingungen verdunstet in Blättern und Zweigen recht viel Wasser. Ebenso schlimm sind eisige Ostwinde, denn sie trocknen den Boden und die Pflanzen aus und die gefrorene Erde kann den Pflanzen keine Feuchtigkeit nachliefern und sie gehen zugrunde.

Die Sträucher im »Kräuterhexengarten« bekommen einen Kälteschutz, wie er in der freien Natur vorkommt, die Füße werden ihnen dick mit Herbstlaub zugedeckt. So werden Boden und Wurzeln vor zu starken Frösten geschützt.

Willkommene Gäste in meinem Garten.

Ein Igelhaus im Kräutergarten

Vor einigen Jahren stellte ich fest, dass sich in unserem Garten eine 4-köpfige Igelfamilie angesiedelt hat. Seit dieser Zeit bauen meine Familie und ich jeden Spätherbst eine Überwinterungshilfe für unsere kleinen Gäste.

Dazu wird eine etwa 40 x 80 cm große Holzkiste an einer Schmalseite mit einem halbrunden Eingang (ca. 15 cm hoch) versehen. Die Kiste stellen wir in eine ruhige Ecke unseres Gartens. Gefüllt wird sie mit trockenem Stroh und ebenfalls trockenen Blättern. Danach bauen wir aus der Länge nach halbierten Plastikrohren einen Tunnelzugang, der etwa 40 bis 50 cm lang sein sollte. Bedeckt wird das Igelhaus mit Ästen und viel Herbstlaub, sodass nur noch der Eingang des Tunnels zu sehen ist. Es ist aber auch ganz wichtig, darauf zu achten, dass der Tunnelzugang nicht zu groß wird, da sonst die Gefahr besteht, dass die schlafende Igelfamilie im Winter ungebetenen Besuch von Räubern bekommt.

Keine Milch für Igel – lieber Katzenfutter!

Bevor unsere Wintergäste ihren Winterschlaf antreten, stelle ich ihnen jeden Abend ein Schüsselchen mit Hunde- oder Katzen-Dosenfutter und Katzentrockenfutter vor den Eingang, damit sie sich noch einen wärmenden Winterspeck anfressen können. Milch darf Igeln auf keinen Fall gefüttert werden, da diese eher schädlich als nützlich für die Tiere ist.

Nette Dekorationen

Bastelanleitung Heupferd (ca. 40 cm groß)

Material:
ca. 3 kg feines, langes Heu
starkes, heufarbiges Nähgarn
4 Holzstöckchen (ca. 20 cm lang) für die Beine
1 Stöckchen (ca. 10 cm lang für den Hals)
Filzreste für die Ohren. 2 Glasaugen

Für den Körper wird ein Heu-Ei gewickelt (ca. 35 cm lang). Danach für die Beine mit der Schere tiefe Löcher bohren, mit Heißkleber auffüllen und die Stöckchen für die Beine hineinstecken. So auch das Stöckchen für den Hals befestigen. Für den Kopf ein ca. 12 – 15 cm langes Heu-Ei formen und am Halsende ankleben. Nun die Beine und den Hals fest mit Heu umwickeln, die Übergänge abdecken und umwickeln.

Für die Mähne werden einzelne Heubündel an einem Ende fest mit Blumendraht umwickelt und in die am Hals vorgebohrten Löcher geklebt. Für den Schwanz sucht man sich die längsten Heubüschel aus, umwickelt sie ganz fest mit Blumendraht und befestigt sie mit Heißkleber am Hinterteil. Ohren aus grauem oder braunem Filz ausschneiden und ankleben. Ebenso die Augen und Nüstern.

Heu-Sonnenblume

Material:
ca. 1/2 kg Heu
Holzwolle (sowohl gelbe als auch braune, mit Ostereier-Farbe eingefärbt)
Golddraht zum Umwickeln
einen Holzstock für den Stängel (ca. 1 m lang)

Auf Karton die Blütenblätter vorzeichnen, ausschneiden und mit gelber Holzwolle und Golddraht umwickeln. In der Mitte der Blüte die braune Holzwolle mit Heißkleber ankleben und ebenfalls mit Golddraht umwickeln.

2 Blätter auf Karton vorzeichnen, ausschneiden und ebenfalls mit Heu und Golddraht umwickeln.

Blumenstängel mit Heu umwickeln, Blätter aufkleben und den Stängel auf der Rückseite der Blüte ankleben und zusätzlich mit Golddraht umwickeln.

Die Sonnenblume sieht auch wunderschön in einer Vase aus oder in einem mit großen Steinen und Moos gefüllten Korb!

Einfach in der Herstellung und sehr dekorativ – selbstgemachte Heu-Sonnenblumen.

Es weihnachtet im Hexenhaus

Meine Kräuterspirale und die Kräutergärten halten ihren Winterschlaf, die Früchte des Herbstes aus Wald und Feld wurden in den letzten Wochen zu Likören, Säften, Elixieren und Marmeladen verarbeitet und warten in der Hexenwerkstatt und im Hexenladen auf meine Kunden.

Der Schlehenlikör hat auch schon seine notwendige »Reife« erhalten und wurde bereits von der »Kräuterhexe« persönlich zu gegebenem Anlass verkostet und in schöne, dekorative Flaschen abgefüllt.

Ab sofort gehören auch die gemütlichen Abende in der Hexenstube, in denen ich mich in meinem Schaukelstuhl zurücklehnte und das vergangene Jahr noch einmal Revue passieren lies, der Vergangenheit an.

Es ist unumstritten – der Mond hat großen Einfluss auf Mensch, Tier und Pflanze.

Vor meiner Hexenwerkstatt türmen sich schon Berge von Tannenreisig, Efeu, Buchs und Thujenzweigen, die ich im Laufe der nächsten Tage vor dem ersten Adventsonntag zu Adventkränzen, Girlanden und Weihnachtsgestecken verarbeiten werde.

Ich beziehe mein Reisig von einem benachbarten Bauern, der sehr darauf achtet, dass seine Tannen zum »richtigen Zeitpunkt« geschlagen werden; dieser richtet sich nach den Mondphasen und ist Anfang bis Mitte November. Es verhält sich tatsächlich so, dass Zweige von zu dieser Zeit gefällten Nadelbäumen im geheizten Raum zwar ebenso schnell trocknen wie andere, jedoch ihre Nadeln nicht verlieren – großes »Hexen-Ehrenwort«.

Aber nicht nur meine »Geheimrezepte« sind jetzt gefragt, auch meine Dekorationsideen, bei denen ich viele getrocknete Kräuter aus dem letzten Kräutersommer mit einarbeite. So verpasse ich meinen Tür- und Adventkränzen kleine Büschel mit getrocknetem Lavendel, Thymian, Rosmarin und Minzen, die in der warmen Stube ihr duftendes Aroma verbreiten.

Adventkranz und Deko-Kerzen verbreiten weihnachtliche Stimmung.

Hier zeige ich Ihnen einige nette Dekorationsideen für die Weihnachtszeit, z. B. wie man einen Adventkranz nach Art der »Kräuterhexe zaubert«, den man garantiert in keinem herkömmlichen Geschäft kaufen kann.

Die »Zutaten« für diesen Adventkranz stammen fast ausschließlich aus dem Winterwald.

Wichtel-Adventkranz

Sie brauchen:

1 gebundenen Kranz (Anfertigung – siehe Türkranz)
4 Holzkerzen (dazu wird in jeweils ein gerades Aststück ein Loch gefräst, in das man ein Bienenwachsteelicht oder ein herkömmliches Teelicht steckt)
Dekorationsmaterial: kleine Wurzeln, Äste, Moos, Weinreben, frischen Efeu, getrocknete Apfel- oder Orangenscheiben und einen kleinen Deko-Wichtel

Wie wäre es in diesem Advent mit einem besonderen, selbst gemachten Adventkranz?

Es sollte keine Kerze unbeaufsichtigt in einem Raum stehen gelassen werden!

Ein großer Vorteil meiner Holzkerzen ist auch, dass die Brandgefahr weitgehend ausgeschlossen werden kann, da in die ausgefräste Öffnung ein Teelicht gesteckt wird.

Tipp der Kräuterhexe

Sollten Sie Probleme bei der Beschaffung der Holzkerzen haben, fragen Sie in meiner Hexenwerkstatt nach!

Und noch mehr Weihnachtsdekoration nach »Kräuterhexen-Art«

Was wäre Weihnachten ohne den herrlichen Duft von selbst gemachten Bienenwachskerzen und frischen Tannennadeln. Es gehört einfach zur Vorweihnachtszeit und zum Weihnachtsfest.

Kerzenarrangements mit Trockenblumen und getrockneten Kräutern kann man selbst ohne großen Aufwand herstellen.

Ein Adventgesteck aus meiner Werkstatt.

Diese Kerzenideen verströmen einen angenehmen Duft.

Rosen- und Gewürznelkentöpfchen

Dafür brauchen Sie:
je ein Tontöpfchen oder ein Töpfchen Ihrer Wahl
Goldspray
herkömmlichen Vogelsand
getrocknete Rosenblüten oder Gewürznelken
etwas Lebkuchengewürz

Die Töpfchen werden mit dem Goldspray besprüht. Das Ausflussloch am Boden des Gefäßes wird mit einem Stück Karton und einigen Tropfen Heißkleber abgedichtet.

3/4 der Tontöpfchen mit Vogelsand füllen, die Kerze in der Mitte fest eindrücken und mit getrockneten Rosenblüten oder mit Gewürznelken auffüllen.

Nun noch etwas Lebkuchengewürz darüber streuen.

Eine weihnachtliche Schleife am Topfrand ankleben und schon haben Sie ein fertiges Mitbringsel.

Weihnachtlicher Türkranz nach »Kräuterhexen-Art«

Tannenzweige immer büschelweise anbringen.

Material:
1 Strohrohling (30 cm Durchmesser)
Tannenreisig und Immergrün, 1 Rolle Wickeldraht
für die Dekoration:
getrocknete Orangen- oder Apfelscheiben
Chilischoten, kleine Lavendelbüschel
Mini-Hexenbesen, naturfarbiger Bast
kleine Glaskugeln und weihnachtliche Schleifen

Der Strohkranz wird büschelweise abwechselnd mit den Tannenzweigen und dem Immergrün dicht umwickelt. Die Rückseite des Kranzes wird frei gelassen, damit er besser an der Tür aufliegt. Danach wird die Schleife gebunden und aufgeklebt.

Dekorationsteile mit Heißkleber anbringen.

Es sieht auch wunderschön aus, wenn Sie einen dicken Bund Birkenreisig zu einem Kranz winden und einfach mit einer schönen Masche dekorieren.

Weihnachtlicher Türkranz mit getrockneten Kräutern an meiner Haustür.

»Kräuterhexen-Besen«

Ob als nette Dekoration oder zum tatsächlichen Gebrauch, ein richtiger »Hexenbesen« ist schnell gebunden und in jedem Fall ein netter Blickfang.

Gebunden wird ein echter »Hexenbesen« aus Birkenreisig. Ich empfehle, dieses im Winter zu schneiden, da es dann frei von Blättern ist.

Ein dickes Bündel Birkenreisig wird oben an der Schnittstelle auf eine Länge zurechtgeschnitten.

Etwa 15 cm vom oberen Rand weg fest mit Draht umwickeln. Danach ca. 25 cm vom oberen Rand nochmals mit Draht sehr fest abbinden.

Zum Probeflug bereit – der selbst gemachte Hexenbesen.

Die an den Seiten abstehenden Asttriebe mit einer Gartenschere einkürzen. Wollen Sie den Besen als Dekorationsstück stehen lassen, können die lang auslaufenden Äste bleiben, wollen Sie ihn aber als richtigen Besen verwenden, können die auslaufenden Äste auf eine Länge eingekürzt werden.

Nun wird noch ein etwa 150 cm langer Haselnussstock in die Mitte des Besens gesteckt und einige bunte Bänder werden als Dekoration angebracht.

Ich fertige für meinen »Kräuterhexenladen« auch Besen im Miniformat von 40 cm Gesamtlänge an, an denen ich kleine Säckchen mit Küchengewürzen oder Kräuterteemischungen sowie lustige Juteschleifen befestige.

»Kräuterhexen-Kräuterbesen«

Material:
getrocknete Küchen- oder Teekräuter Ihrer Wahl
1 Duftsäckchen (gefüllt mit Lavendelblüten oder ganz einfach mit Lebkuchen- oder Glühweingewürz)
Schleifen
1 Haselnussstock (ca. 40 cm lang)
1 kleine Deko-Hexe

Die Kräuter aus dem letzten Sommer werden auf die gleiche Länge eingekürzt und büschelweise um den Holzstock gebunden.

Eine lustige Deko-Hexe, entweder selbst gemacht oder im Bastelgeschäft besorgt, in die Mitte des Kräuterbesens setzen.

Ich verwende mit Vorliebe diese Kräuter: Rosmarin, Lorbeer, Thymian, Salbei, Frauenmantel, Oregano, Lavendel, Pfefferminze oder Zitronenmelisse.

So kann man die getrockneten Kräuter dieses Kräuterbesens das ganze Jahr über als Küchenkräuter verwenden.

Dekorativ und praktisch…

Dieser Weihnachtsstern duftet angenehm nach Früchten, Kerzen und Heu.

Weihnachtlicher Heustern

Dazu benötigen Sie:

Kartonreste
ca. 1 kg Heu (eventuell auch Stroh oder Holzwolle)
Nähseide (in der Farbe des jeweiligen Materials)
Golddraht
große Kerzen
passende Schleifen
getrocknete Fruchtscheiben
Tannenzapfen
kleine Hagebutten- und Lavendelbüschel
Deko-Teile wie Wichtel, Engel und Glaskugeln

Auf dem Karton wird ein 6-zackiger Stern mit einem Durchmesser von 25 cm aufgezeichnet, ausgeschnitten und auf beiden Seiten dünn mit Heu o. Ä. umwickelt.

Die Deko-Teile mit Heißkleber anbringen.

Tipp der Kräuterhexe

Es sieht auch nett aus, wenn der Stern anstatt mit Heu mit Moos umwickelt wird.

Keine Hexerei – Gemüsegarten auf der Fensterbank

Da in meinem Haushalt sehr viel Salat gegessen wird und die Qualität von Gemüse im Winter der im Sommer keinesfalls gleicht, habe ich versucht, einige Salatpflänzchen und Radieschen im Topf anzusetzen und auf der Fensterbank meines Küchenfensters anzusiedeln.

Da sich nicht alle Sorten Salat dafür eignen, muss man etwas probieren.

Nicht jeder Salat ist für die Fensterbank geeignet.

Beim neuerlichen Anlauf hat es dann funktioniert und einige Wochen nach dem Pflanzen konnte ich tatsächlich knackig frischen Salat und würzige Radieschen, mitten im Dezember und noch dazu aus meinem eigenen Fensterbank-Garten, ernten.

Voraussetzung für das Gelingen ist ein heller, sonniger Platz, am besten am Südfenster.

Tipp der Kräuterhexe

Die Pflanzen sollten gleichmäßig feucht gehalten und hin und wieder mit Wasser besprüht werden.

Kein Hexenlatein – Salat kann auch im Topf gezogen werden.

Auch im »Kräuterhexen-Garten« wird es Weihnachten

Wie Sie bereits erfahren haben, hege ich seit jeher eine große Liebe zu allem, was im Garten wächst und gedeiht.

Aus diesem Grund habe ich es mir schon vor einigen Jahren zur Verpflichtung gemacht, auch für einige Tiere, die es ohnehin schon schwer genug haben, unsere teilweise harten Winter wohlbehalten zu überstehen, eine kleine Weihnachtsfreude zu organisieren.

Daher steht jedes Jahr auf meiner Terrasse, in sicherer Entfernung von Hund und Katz, mein Weihnachtsbaum für Spatzen, Meisen & Co.

Dieser sieht nicht nur dekorativ aus, sondern wird als Futterquelle sehr gerne angenommen.

Als Weihnachtsbaum verwende ich eine kleine »lebende« Fichte. In einen passend großen Topf gesetzt, kann diese viele Jahre ihren Dienst als Christbaum versehen.

So haben auch die Vögel eine kleine Freude am Winter.

Als Dekorationsmaterial verwende ich getrocknete Fruchtscheiben, Rosinenringe (Rosinen werden mit Nadel und Faden zu einem Ring aufgefädelt), Meisenkugeln, Hirsezapfen, kleine Töpfchen mit Schmalz und Sonnenblumenkernen gefüllt.

Alte ausgediente Keksausstecher werden ebenfalls mit Schmalz und einer Vogelfutter-Mischung gefüllt und aufgehängt.

Zum Schluss noch Bastmaschen anbringen und fertig ist der Weihnachtsbaum!

Weihnachtsrezepte aus der »Hexenküche«

»Kräuterhexen-Weihnachtspunsch«

1/2 kg Zucker, 1/2 l Wasser, die dünn abgezogene Schale von 4 unbehandelten Orangen und 1 Zitrone gibt man in einen Kochtopf und lässt alles zusammen 5 Minuten zugedeckt kochen. Sobald die Mischung aufkocht, gibt man 1/4 l Rotwein und 1/4 l Weißwein sowie 1/8 l Rum und den Saft von weiteren 6 Orangen und 1 Zitrone dazu.

Ich empfehle, den Punsch 10 Minuten zugedeckt ziehen zu lassen und danach zu servieren.

Adventlikör

Dieser wird, je nach Reife der jeweiligen Früchte, vom Spätsommer weg angesetzt und ist bis in die Adventzeit richtig fruchtig reif.

Zutaten:
Je 100 g Himbeeren, Erdbeeren, Weichseln oder Kirschen, Johannisbeeren und Heidelbeeren, 5 Gewürznelken, 2 Zimtrinden, 400 g Kandiszucker und 1 Liter bester Obstler

Die Früchte und Gewürze werden für 4 Wochen im Obstler angesetzt und an einen hellen Ort zum Reifen gestellt. Täglich kurz aufrühren oder schütteln.

Danach sauber abseihen, eventuell zur Dekoration frische Früchte hinzugeben und in schöne Flaschen abfüllen.

Weihnachtsideen aus der Hexen-Werkstatt.

Aus Zeitgründen eher eine Rarität: Kekse aus der »Kräuterhexen«-Küche.

Leckere Keksrezepte aus unserer Region

Mostkekse

250 g Mehl, 250 g Butter, 4 EL Most sind die Zutaten für diese wunderbare Weihnachtsbäckerei.

Das Mehl mit der Butter verbröseln und mit den 4 EL Most zu einem Teig verkneten, der etwa 30 Minuten im Kühlschrank rasten soll.

Danach den Teig messerrückendick ausrollen, große runde Kekse ausstechen und in die Mitte einen Löffel Marmelade setzen. Nun wird die Scheibe zu einem halbrunden Täschchen zusammengeschlagen und der Rand festgedrückt.

Bei mittlerer Hitze goldgelb backen und noch heiß in Staub- oder Rosenzucker wenden.

Schoko-Nuss-Kekse

Zutaten:
250 g Mehl, 2 gestrichene Kaffeelöffel Backpulver, 140 g Butter, 70 g geriebene Haselnüsse, 1 Säckchen Vanillezucker, 1 Ei, 90 g Schokoladeglasur

Cremefüllung:
1/4 l kalten Kaffee, 2 EL Mehl und 2 Eigelb zum Kochen bringen, bis die Creme dick ist; 4 Stück Kochschokolade dazugeben und abkühlen lassen.

Danach 250 g Margarine und 100 g Staub- oder Rosenzucker dazugeben und cremig rühren.

Das Mehl mit Backpulver vermischen, mit der Butter verbröseln und mit den restlichen Zutaten schnell zu einem Teig verkneten. Teig dünn auswalken, große Kreise ausstechen und goldgelb bei mittlerer Hitze backen.

Nach dem Auskühlen einen Teil der Kekse mit der Creme bestreichen und einen nur in Glasur getauchten Teil aufdrücken. Die Kekse mit geriebenen Nüssen bestreuen.

Kleine »Kräuterhexen-Hausapotheke«

Schon unsere Urgroßmütter wussten um den heilenden und helfenden Wert unserer Gartenkräuter und stellten ihre Kräuter-Hausapotheke weitgehend selbst her.

Mit etwas Erfahrung und einer guten Anleitung ist es wirklich keine Hexerei, seine Hausmittelchen selbst herzustellen.

Man kann aber gar nicht oft genug wiederholen, dass es sehr wichtig ist, dass man die benötigten Kräuter sehr gut kennt, bevor man sich ans Werk macht. Auf keinen Fall kann die Kräuter-Hausapotheke einen Arztbesuch ersetzen, aber bei kleineren Beschwerden kann sie äußerst hilfreich sein.

Ich habe für Sie einige meiner einfachsten Rezepte zusammengestellt – versuchen Sie es und Sie werden sehen, wer einmal damit begonnen hat, seine Schätze aus dem Kräutergarten selbst zu verarbeiten, kann gar nicht mehr damit aufhören!

Tipp der Kräuterhexe

Ich habe in meinem Kräutergarten, je nach Verwendungsmöglichkeit, kleine Kräuterecken gepflanzt.

Tipp der Kräuterhexe

So gibt es in meinem Kräutergarten z. B. eine so genannte Kopfwehecke oder Töpfe z. B. mit Kräutern gegen Husten.

Meine Hausmittel:

Zur allgemeinen Stärkung

Rosmarin-Weißdorn-Salbei-Elixier

Die in diesem wunderbaren Elixier angesetzten Kräuter gelten schon seit jeher in der Hausapotheke und in der Volksmedizin als stärkend.

Mit Wasser verdünnen – stärkt den Körper.

Je eine Hand voll Rosmarin, Weißdornblüten und Salbei wird in 1 l bestem Obstschnaps 4 Wochen ausgezogen, das heißt, die Kräuter werden mit dem Alkohol in ein großes Gefäß gefüllt und zugedeckt an einem warmen Ort stehen gelassen.

Nach dieser Zeit durch ein sauberes, feines Tuch abseihen und in Flaschen füllen.

Täglich 1 Stamperl 1 : 1 mit Wasser verdünnt!

Ein Stamperl für die Gesundheit…

Blähungen und Verdauungsstörungen

Sollten Sie zu den Mitmenschen gehören, die öfter unter Blähungen leiden, habe ich eine **Kräutermischung,** die dieses Problem zum Abklingen bringt.

Je 1 TL mit einem Messerrücken angedrückte oder im Mörser zerstoßene Früchte von Anis, Fenchel und Kümmel mit 1/2 l kochendem Wasser übergießen und zugedeckt 5 Minuten ziehen lassen. Ich empfehle je 1 große Tasse nach jedem Essen, ungesüßt und schluckweise.

Bei Verdauungsstörungen können Sie sich auch aus 1 EL getrockneter oder 2 EL frischer **Pfefferminze** einen wohlschmeckenden Tee bereiten. Zugedeckt 5 Minuten ziehen lassen. Täglich nach dem Essen 1 Tasse trinken, bis sich die Beschwerden gelegt haben.

Magen-empfindliche und Kinder dürfen diesen Tee nicht ständig trinken!

Besonders bei magenempfindlichen Personen und Kindern kann es zu einer Überempfindlichkeit gegen das Menthol kommen; deshalb dürfen diese Personen den Pfefferminztee nicht ständig trinken.

Durchfall

Diese bewährten Hausmittel, die sicher viele kennen, helfen garantiert bei Durchfall. (Sollte der Durchfall mit starken Begleitschmerzen verbunden sein, bitte unbedingt den Arzt aufsuchen!).

Eine sehr bewährte Methode ist ein **roher Apfel,** der mitsamt der Schale fein gerieben und nach der Braunfärbung gegessen wird. Dieses einfache Rezept eignet sich auch hervorragend für Kinder!

Sie können auch einen Tee aus 2 TL getrockneten **Brombeerblättern** auf 1 Tasse aufbrühen. Dazu die Blätter mit heißem Wasser übergießen, 5 Minuten zugedeckt ziehen lassen und schluckweise trinken.

Schlaflosigkeit

Ein Kräuterbad am Abend entspannt.

Ein altbewährtes Mittel gegen Schlaflosigkeit ist, vor dem Schlafengehen ein Glas Bier zu trinken. Ein anschließendes Kräuterbad mit Kamillen-, Lavendel- und Hopfenblüten, die in einen Waschhandschuh gefüllt werden, der mit einem Stück Schnur zugebunden und ins einlaufende Badewasser gegeben wird, funktioniert wunderbar.

Für Kinder, die Einschlafprobleme haben, empfehle ich einen Tee aus je 1 EL Zitronenmelisse, Kamille und Katzenminze. Da fast alle Kinder den wunderbaren Duft und Geschmack der Zitronenmelisse lieben, wird er auch von den Kleinsten gerne getrunken.

Kopfschmerzen

Ich verwende bei Kopfschmerzen ein altes, aber sehr bewährtes Kräutertee-Rezept mit Kräutern, die sogar schon Hildegard von Bingen gegen diese Beschwerden empfahl.

Den **Tee** können Sie auf Vorrat mischen: Je 120 g Hopfen, geriebene Ingwerwurzel, Kamille, Lavendel, Melisse, Minze und Rosmarin. Von dieser Mischung 1 EL pro Tasse mit heißem Wasser überbrühen und 2 Tassen pro Tag schluckweise trinken.

Zwiebel hilft gegen Kopfschmerzen!

Ein weiteres sehr wirksames, aber in Vergessenheit geratenes Hausmittel ist bei Kopfschmerzen der **Zwiebelumschlag:** Die Zwiebel wird fein gehackt, in ein Geschirrtuch gewickelt und für maximal 30 Minuten in den Nacken gelegt. Danach warm duschen und den Wasserstrahl ein paar Minuten an den Nacken halten.

Empfehlen kann ich auch etwas **ätherisches Rosmarin-Öl** (nur allerbeste Qualität verwenden!) in einer Duftlampe, in Wasser zu erwärmen, denn Rosmarin soll die Blutversorgung des Kopfes verbessern.

Bitte achten Sie darauf, keinen Sonnenbrand zu bekommen.

Sonnenbrand

Topfen- (Quark-) Auflage

Eigentlich sollte man generell darauf achten, keinen Sonnenbrand zu bekommen, besonders ältere Menschen und Kinder sollten sich ausreichend mit guten Sonnenschutzmitteln eincremen. Ist es aber dennoch passiert und die Sonne hat Sie so richtig erwischt, hilft mein spezieller »Topfen-Aufstrich« sehr gut.

Dazu vermischen Sie 100 g fetten Topfen mit so viel Buttermilch, dass es eine streichfähige Masse ergibt. Man streicht die Mischung mit einem weichen Tuch ganz vorsichtig auf die betroffenen Stellen und lässt sie so lange oben, so lange die Topfenauflage kühlt. Danach vorsichtig mit kaltem Wasser abwaschen und erneuern.

Ebenfalls bewährt haben sich Zitronensaft-Umschläge.

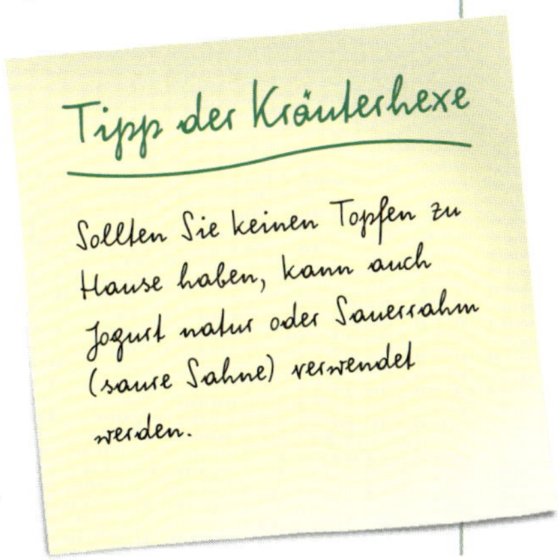

Nasenbluten

Dafür habe ich zwei uralte, schon fast in Vergessenheit geratene Hausmittelchen, die sehr gut helfen.

Zitronentinktur:

Zitrone stillt Nasenbluten.

Den Saft einer Zitrone auf einen Wattebausch geben und in das blutende Nasenloch stecken.

Ebenfalls sehr hilfreich sind mit eisig **kaltem Wasser** befeuchtete Tücher, die als Kompressen in den Nacken und auf die Stirn gelegt werden.

Dafür legen Sie sich am besten bequem hin und versuchen sich etwas zu entspannen.

Wunder Babypo

Dagegen helfen die lindernden Inhaltsstoffe des Ringelblumen- und des Johanniskrautöls.

Ein Glas wird, jeweils zu gleichen Teilen, mit Ringelblumenblüten und den Blüten des Johanniskrautes gefüllt, mit bestem Pflanzenöl (ich empfehle Sonnenblumen- oder Olivenöl) aufgegossen, verschlossen und 4 Wochen an einem warmen Ort stehen gelassen.

Danach sauber abseihen und in saubere kleine Flaschen abfüllen. Die Haltbarkeit liegt bei ca. 3 Monaten. Nicht im Kühlschrank lagern!

Insektenstiche

Hauswurz lindert Juckreiz

Ein altes Hausmittel bei Insektenstichen ist die **Hauswurz.** Vermischen Sie den Saft von 3 Hauswurzblättern mit etwas Honig und legen Sie das auf die betroffene Stelle.

Cremen gegen allerlei Wehwehchen

Die altbewährte Ringelblumencreme erfreut sich nach wie vor der allergrößten Beliebtheit.

Sie wirkt heilend bei kleineren Hautverletzungen und oberflächlichen Hautrissen.

Ich stelle meine Cremen ausschließlich aus bestem Sonnenblumenöl, Wollfett und reinem Bienenwachs her. Diese Zusammensetzung garantiert, dass die Creme auch unter die Haut einzieht und nicht nur eine fettende Schicht auf der Hautoberfläche bildet.

Grundrezept Ringelblumencreme (auch eine hervorragende Hautcreme!)

50 g Ringelblumenblüten werden mit 1/4 l bestem Sonnenblumenöl in ein Glasgefäß gefüllt und 5 Tage an einem hellen, sonnigen Ort ausgezogen.

Danach sauber durch ein feines Tuch abseihen und mit 80 g Wollfett (in der Apotheke erhältlich) und 30 g reinem Bienenwachs schmelzen (nicht kochen!).

Etwas auskühlen lassen und in saubere Gläser füllen. Kühl ist diese Creme ca. 1/2 Jahr haltbar.

Schon Hildegard von Bingen erkannte die große Heilwirkung unserer Ringelblume.

Spezialrezept der »Kräuterhexe«: Lippenbalsam

Grundrezept mit 50 g Malvenblüten und einem Tropfen reinem Rosenöl verrühren – für kusszarte Lippen.

ABNEHMENDER
MOND
MOND

Zum Schluss

Ich hoffe, Ihnen so viel wie möglich von meinem und überliefertem Wissen vermittelt zu haben.

An dieser Stelle noch ein besonderes Dankeschön an Christina Fink, die mir die schöne Bauernherbst-Speisekarte und die Ostereier dekoriert hat und Marion Hausbacher, die mir mit Rat und Tat für meine Dekorationstipps zur Seite stand.

Ein Großteil der in diesem Buch angeführten Produkte ist in meinem »Kräuterhexenladen«, im Schaudorf Schleedorf oder in meiner Hexenwerkstatt, in Seekirchen am Wallersee, erhältlich.

Sollten Sie einmal in die Nähe meines Heimatortes kommen und Lust und Laune haben, meine Kräutergärten und meine Hexenwerkstatt oder das wunderschöne Schaudorf Schleedorf zu besuchen, sind Sie ganz herzlich hierzu eingeladen.

Spezialitäten

Buttermilch-Seife

für zarte, rosige Haut

Streichen Sie über diese Seite,
so wird sich der wohlriechende Duft der
Zitronenmelisse entfalten.

Mond-Tees

wohltuende Kräuterteemischungen

der Kräuterhexe